nauka chodzenia
gehen lernen

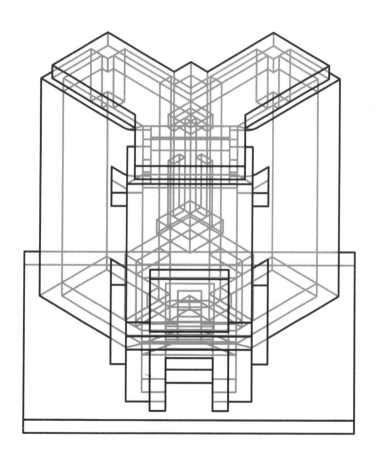

Tadeusz Różewicz

nauka chodzenia
gehen lernen

Przekłady / Übersetzungen
Karl Dedecius, Bernhard Hartmann, Andrzej Słomianowski

Rysunki / Zeichnungen
Eugeniusz Get-Stankiewicz

Biuro Literackie ● Wrocław 2007

POEZJE 6 / POESIE 6

REDAKCJA / LEKTORAT • Jan Stolarczyk
PRZEKŁADY WIERSZY / GEDICHTÜBERSETZUNGEN
Karl Dedecius, Bernhard Hartmann, Andrzej Słomianowski
RYSUNKI / ZEICHNUNGEN • Eugeniusz Get-Stankiewicz
ZDJĘCIA / FOTOS • Janusz Stankiewicz
OPRACOWANIE GRAFICZNE / GESTALTUNG • Artur Burszta
KOREKTA / KORREKTUR • Anna Krzywania
DRUK / DRUCK • Drukarnia Wydawnictw Naukowych, Łódź

Wydane przy wsparciu Miasta Wrocław
i Miejskiej Biblioteki Publicznej we Wrocławiu
Dieses Buch erscheint mit freundlicher Unterstützung der Stadt Wrocław
und der Städtischen Öffentlichen Bibliothek zu Wrocław

BIURO LITERACKIE
ul. Tęczowa 50a/9, 53-602 Wrocław
tel. 0 71 346 08 23, 0 71 783 90 01
poczta@biuroliterackie.pl
www.biuroliterackie.pl

ISBN 978-83-60602-49-2

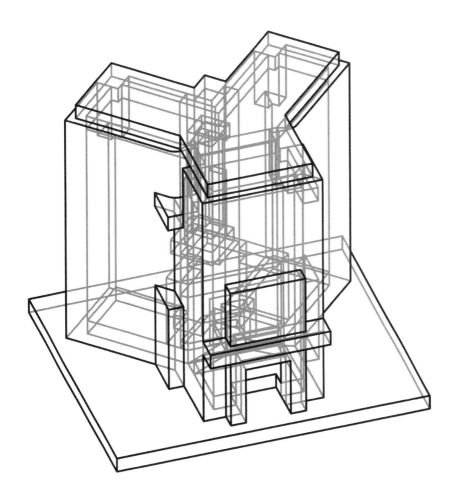

* * *

Było, minęło (...)
Najlepiej byłoby zwariować
T. Konwicki, *Zorze wieczorne*

I znów zaczyna się
przeszłość

najlepiej byłoby zwariować
masz rację Tadziu
ale nasze pokolenie nie wariuje
do końca
ma oczy otwarte

nam nie trzeba zawiązywać oczu
nam niepotrzebne są raje
różnych wiar sekt religii

z przetrąconym grzbietem
czołgamy się dalej

tak Tadziu przy końcu
musimy przeżyć wszystko
od początku
wiesz to równie dobrze jak ja
czasem szepcemy
wszyscy ludzie będą braćmi
w labiryncie życia
spotykamy
nicowane twarze przyjaciół
wrogów
bez nazwisk

* * *

Gewesen, vergangen (...)
Am besten würde man wahnsinnig
T. Konwicki, *Abendröte*

Und wieder beginnt
die Vergangenheit

am besten würde man wahnsinnig
Du hast recht Tadzio
doch unsere Generation wird nicht wahnsinnig
bis zuletzt
hält sie die Augen geöffnet

uns muß man nicht die Augen verbinden
wir brauchen nicht die Paradiese
verschiedener Glauben, Sekten, Religionen

mit gebrochenem Rücken
kriechen wir weiter

ja Tadzio am Ende
müssen wir alles von vorne
durchleben
das weißt Du genausogut wie ich
manchmal flüstern wir
alle Menschen werden Brüder
im Labyrinth des Lebens
begegnen wir
den gewendeten Gesichtern von Freunden
von Feinden
ohne Namen

słyszysz mnie
opowiadam Ci obrazek z przeszłości
znów uciekam
przed widmem które
okryte chałatem nieba
stoi na zielonej łące
i mówi do mnie w nieznanym języku
jam jest pan bóg Twój
który Cię wyprowadził z domu niewoli

wszystko zaczyna się od początku

znów Pan Turski
mój nauczyciel śpiewu
patrzy na mnie pięknymi
słodkiemi oczami
Omara Sharifa

a ja śpiewam
zakwitała jabłoneczka (...)
czerwone jabłuszka miała...
wiem że fałszuję
ale pan Turski uśmiecha się
do mnie od roku 1930
i dostaję „piątkę"
pan Turski w pachnącym
dziwnym obłoku
egzotycznym i tajemniczym
jak na szkołę powszechną
w powiatowym miasteczku
między Częstochową i Piotrkowem Trybunalskim
uśmiecha się
i zabiera do grobu
swoją tajemnicę

kiedy wreszcie skończy się
przeszłość

hörst Du mich
ich erzähle Dir ein Bild aus der Vergangenheit
ich fliehe wieder
vor einem Gespenst das
verborgen im Kaftan des Himmels
auf einer grünen Wiese steht
und in einer fremden Sprache zu mir spricht
ich bin der Herr Dein Gott
der Dich aus dem Haus der Knechtschaft geführt hat

alles beginnt von vorne

wieder blickt Herr Turski
mein Gesangslehrer
mich an mit den schönen
süßen Augen
Omar Sharifs

und ich singe
es erblühte der Apfelbaum (...)
er trug schöne rote Früchte...
ich weiß daß ich schief singe
aber Herr Turski lächelt
mich an seit dem Jahr 1930
und ich bekomme eine „Eins"
Herr Turski in seiner duftenden
merkwürdigen Wolke
exotisch und geheimnisvoll
für eine Volksschule
in einer Kreisstadt
zwischen Tschenstochau und Piotrków Trybunalski
lächelt
und nimmt sein Geheimnis
mit sich ins Grab

wann endlich endet
die Vergangenheit

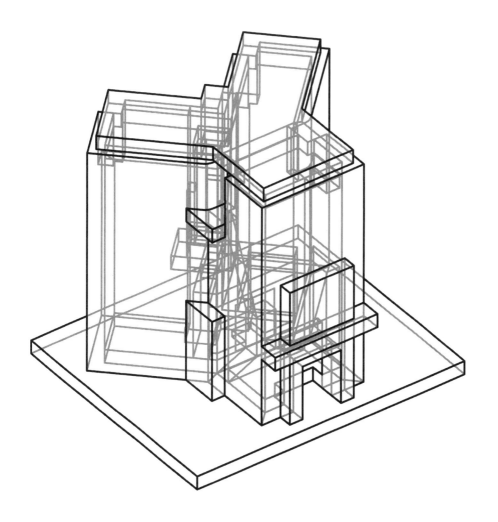

serce podchodzi do gardła

w roku 1945
w październiku
wyszedłem z podziemia

zacząłem oddychać

słowo za słowem
odzyskiwałem mowę

zdawało mi się
że „Wszystko" układa się
dobrze
nie tylko w mojej głowie
ale na świecie
w domu w ojczyźnie

razem z Przybosiem szukałem
miejsca na ziemi
razem ze Staffem zacząłem
odbudowę od dymu
z komina
razem z profesorem Kotarbińskim
głosowałem „3 x tak"

studiowałem na proseminarium
profesora Ingardena
wstęp do teorii poznania
Hume pomagał mi
w uporządkowaniu myśli

referendum zostało sfałszowane

das Herz schlägt im Hals

im Jahr 1945
im Oktober
verließ ich den Untergrund

begann frei zu atmen

Wort für Wort
gewann ich die Sprache zurück

mir schien
daß „Alles" sich gut
entwickelt
nicht nur in meinem Kopf
auch in der Welt
zuhause im Vaterland

zusammen mit Przyboś suchte ich
einen Ort auf der Erde
zusammen mit Staff begann ich
den Wiederaufbau beim Rauch
aus dem Kamin
zusammen mit Professor Kotarbiński
stimmte ich „3 mal Ja"

ich besuchte das Proseminar
von Professor Ingarden
Einführung in die Erkenntnistheorie
Hume half mir
meine Gedanken zu ordnen

das Referendum wurde gefälscht

odbudowa świątyni
postępowała zgodnie
z planem i marzeniami
Bóg zostawił mnie w spokoju
rób co chcesz jesteś dorosły
powiedział
nie trzymaj mnie za rękę
nie zwracaj się do mnie
z każdym drobiazgiem
mam na głowie dwa miliardy ludzi
za chwilę będę miał dziesięć miliardów
pomogłem Ci w roku 1935
przy rozwiązywaniu równań
z jedną niewiadomą powiedział Bóg
z płonącego krzaka
który zamienił się w popiół

wiek XXI skradał się jak złodziej

moja głowa
rozleciała się na cztery strony świata
na ścianie zobaczyłem
napis Mane Tekel Fares
w Babilonie nóż na gardle człowieka

der Wiederaufbau des Tempels
verlief entsprechend
dem Plan und den Träumen
Gott ließ mich in Ruhe
mach was du willst du bist erwachsen
sagte Er
häng nicht an meiner Hand
komm nicht gelaufen
wegen jeder Kleinigkeit
ich habe an zwei Milliarden Menschen zu denken
bald sind es zehn Milliarden
ich habe dir 1935 geholfen
beim Lösen von Gleichungen
mit einer Unbekannten sprach Gott
aus einem brennenden Busch
der zu Asche wurde

das 21. Jahrhundert stahl sich herein wie ein Dieb

mein Kopf
verlor sich in alle vier Himmelsrichtungen
an der Wand sah ich
die Aufschrift Mane Tekel Fares
in Babylon ein Messer am Hals eines Menschen

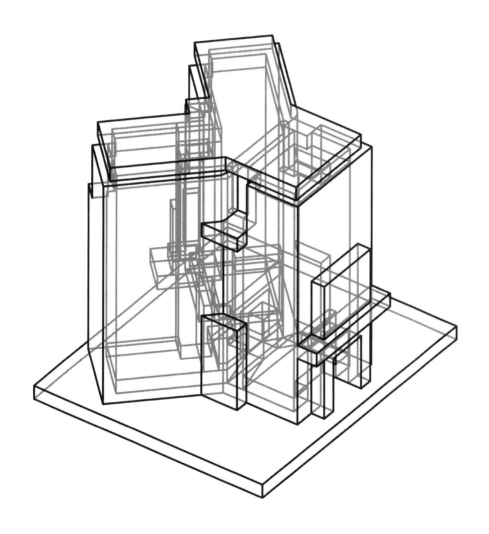

szara strefa

Co sprawia, że szary jest kolorem neutralnym?
Czy jest to coś fizjologicznego, czy logicznego? (...)
Szarość znajduje się pomiędzy dwoma skrajnościami
(czernią i bielą)

Wittgenstein

moja szara strefa
powoli obejmuje poezję

biel nie jest tu absolutnie biała
czerń nie jest absolutnie czarna
brzegi tych nie-kolorów
stykają się

na pytanie Wittgensteina odpowiada Kępiński

Świat depresji jest światem monochromatycznym
panuje w nim szarość lub całkowita ciemność

w szarości depresji wiele spraw przedstawia się
inaczej niż w normalnym oświetleniu

czarne i białe kwiaty
rosły tylko w poezji Norwida
Mickiewicz i Słowacki
byli kolorystami

świat w którym żyjemy
to kolorowy zawrót głowy
ale ja w tym świecie nie żyję
zostałem tylko niegrzecznie przebudzony
czy można przebudzić grzecznie

grauzone

Was macht Grau zu einer neutralen Farbe?
Ist es etwas Physiologisches oder etwas Logisches? (...)
Grau ist zwischen zwei Extremen
(Schwarz und Weiß)

Wittgenstein

meine Grauzone
erfaßt langsam die Dichtung

Weiß ist hier nicht absolut weiß
Schwarz ist nicht absolut schwarz
die Ränder dieser Nicht-Farben
berühren sich

auf Wittgensteins Frage antwortet Kępiński

Die Welt der Depression ist eine monochromatische Welt
in ihr herrscht Grau oder völlige Dunkelheit

im Grau der Depression stellen viele Dinge sich
anders dar als in normalem Licht

schwarze und weiße Blumen
wuchsen nur in Norwids Gedichten
Mickiewicz und Słowacki
waren Koloristen

die Welt in der wir leben
ist ein bunter Schwindel
aber ich lebe nicht in dieser Welt
ich wurde nur unhöflich geweckt
kann man höflich wecken

widzę
w zielonej trawie
rudy kot poluje na
szarą mysz

malarz Get
mówi mi że nie widzi kolorów

kolory rozróżnia po napisach
na tubach czy pudełkach

czyta i wie że to jest żółty
kolor czerwony niebieski

ale jego paleta jest szara

widzi szarego kota
który w szarej trawie
poluje na szarą mysz

on ma wadę wzroku
(nie choruje na depresję)
być może udaje
żeby sprowokować studentów
i ożywić naszą rozmowę

rozmawiamy dalej o *Bemerkungen über
die Farben*
W. mówi o czerwonym kole
czerwonym kwadracie zielonym kole

wydaje mi się mówię do G.
że kwadrat jest tylko wypełniony
czerwienią lub zielenią
kwadrat jest kwadratowy
nie czerwony lub zielony

ich sehe
im grünen Gras
jagt eine rote Katze
eine graue Maus

der Maler Get
sagt mir daß er keine Farben sieht

Farben unterscheidet er nach der Aufschrift
auf Tuben oder Schachteln

er liest und weiß dieses ist gelbe
Farbe rote blaue

aber seine Palette ist grau

er sieht eine graue Katze
die in grauem Gras
eine graue Maus jagt

er hat einen Sehfehler
(leidet nicht an Depressionen)
vielleicht tut er nur so
um seine Studenten zu provozieren
und unser Gespräch zu beleben

wir reden weiter über die *Bemerkungen über
die Farben*
W. spricht über den roten Kreis
das rote Quadrat den grünen Kreis

mir scheint sage ich zu G.
daß das Quadrat nur mit Rot oder Grün
gefüllt ist
das Quadrat ist quadratisch
nicht rot oder grün

według Lichtenberga tylko
nieliczni ludzie widzieli czystą biel

być może rysunek jest najczystszą
formą malarstwa
rysunek jest wypełniony
czystą pustką

dlatego rysunek
jest ze swej natury
czymś bliższym absolutu
niż obraz Renoira

niemiec mówi
weiße rose i rote rose
ktoś nie zna niemieckiego
dla niego róża
nie jest „rote” ani „weiße”
jest tylko różą
ale ktoś inny nie słyszał słowa
róża i to co trzyma w ręce
jest kwiatem albo fajką

laut Lichtenberg haben nur
wenige Menschen reines Weiß gesehen

vielleicht ist die Zeichnung die reinste
Form der Malerei
eine Zeichnung ist gefüllt
mit reiner Leere

deshalb ist eine Zeichnung
ihrer Natur nach
näher am Absoluten
als ein Gemälde Renoirs

die Deutschen sagen
„weiße Rose" und „rote Rose"
wer kein Deutsch kann
für den ist eine Rose
weder eine „rote" noch eine „weiße"
sie ist nur Rose
aber ein anderer hat das Wort „Rose"
nie gehört und was er in der Hand hält
ist eine Blume oder eine Pfeife

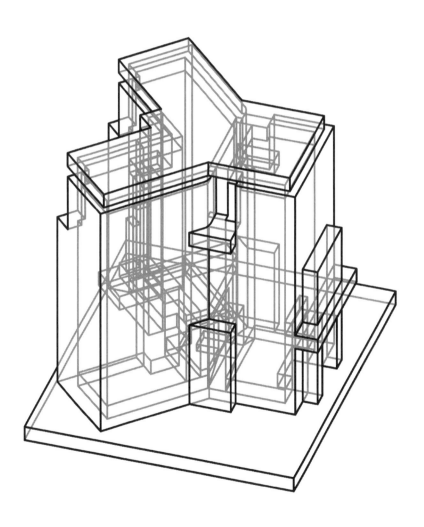

Regression in die Ursuppe

na początku była gęsta
zupa w której pod wpływem
światła (i ciepła)

powstało życie

z tej zupy wyszedł stwór
a raczej wyszło coś
co przemieniło się w drożdże
w szympansa
po jakimś czasie pojawił się bóg
który stworzył człowieka
mężczyznę i kobietę
słońce kotka i kleszcza

człowiek wynalazł koło
i napisał *Fausta*

zaczął drukować
papierowe pieniądze
powstało wiele różności
pączki tłusty czwartek
miłość platoniczna pedofilia
dzień poezji (sic!)
dzień reumatyka (sic!)
dzień chorego – to dziś!
wreszcie przyszedłem i ja
na świat w roku 1921 i nagle...
apsik! jestem stary zapominam okulary
zapomniałem że była
historia Cezar Hitler Mata Hari

Regression in die Ursuppe

am Anfang war eine dicke
Suppe in der unter Einwirkung
von Licht (und Wärme)

Leben entstand

dieser Suppe entstieg eine Kreatur
oder eher entstieg etwas
das zu Hefe wurde
zum Schimpansen
nach einiger Zeit erschien Gott
der den Menschen erschuf
Mann und Frau
die Sonne ein Kätzchen die Zecke

der Mensch erfand das Rad
und schrieb den *Faust*

begann Papiergeld
zu drucken
es entstand alles Mögliche
Pfannkuchen Weiberfastnacht
platonische Liebe Pädophilie
der Welttag der Poesie (sic!)
der Weltrheumatag (sic!)
der Tag der Kranken – das ist heute!
endlich kam auch ich
zur Welt im Jahr 1921 und plötzlich...
hatschi! ich bin alt vergesse meine Brille
vergaß die
Geschichte Cäsar Hitler Mata Hari

Stalin kapitalizm komunizm
Einstein Picasso Alka-pone
alka-seltzer i alka-ida

w ciągu 80 lat
zauważyłem że „wszystko"
zamienia się w dziwną zupę
– ale zupę śmierci nie życia
tonę w tej zupie śmierci
wołam po angielsku
help me help me
(po polsku nikt już nie rozumie)

chwytam się brzytwy
(inny złapał Pana Boga za nogę)

kiedyś bardzo dawno
święty Franciszek polskiej poezji
Józef Wittlin
napisał hymn o łyżce zupy
ale zapomniałem jaka to zupa
nagle wychodzi
z kuchni moja żona

jest coraz piękniejsza
„czy zjesz ze mną kolację"?
„już zjadłam" odpowiada

gdybym był Salomonem
to stworzyłbym dla Ciebie
pieśń nad pieśniami
ale z pustego i Salomon
nie naleje a co dopiero
poeta z Radomska!
(nie z Florencji Paryża
tylko
z Radomska...) Radomko

Stalin Kapitalismus Kommunismus
Einstein Picasso Al Ka-pone
Al Ka-seltzer und Al Ka-ida

im Laufe von 80 Jahren
bemerkte ich daß sich „alles"
in eine seltsame Suppe verwandelt
– eine Suppe des Todes nicht des Lebens
ich ertrinke in dieser Suppe
rufe auf Englisch
help me help me
(Polnisch versteht niemand mehr)

ich greife nach einem Strohhalm
(ein andrer erwischte den Herrgott am Bein)

vor sehr langer Zeit
schrieb der heilige Franziskus der polnischen Lyrik
Józef Wittlin
eine Hymne auf einen Löffel Suppe
doch ich habe vergessen was für eine Suppe
plötzlich kommt
meine Frau aus der Küche

sie wird immer schöner
„ißt du mit mir zu Abend?"
„ich hab' schon gegessen" antwortet sie

wäre ich Salomon
ich schüfe für Dich
das *Lied der Lieder*
aber von nichts kam auch bei Salomon
nichts wie also erst bei einem
Dichter aus Radomsko!
(nicht Florenz Paris
sondern
Radomsko...) Radomka

domowa moja rzeczułko (?)
może rzeczółko albo rzeczko
żeczułko? Po skończeniu
80. roku życia nie obowiązuje
mnie ortografia
...mój Tadeuszu
czemu się tak trudzisz?

na stare lata doczekałem
jakiegoś czata kolumny
maupy bramy
patrzę na wielki wóz
nade mną
i nie wiem co o tym myśleć
patrzę na mały
i myślę wóz albo przewóz

wspaniały był wnuk Goethego
co On powiedział?
...ich stehe vorm Kapitol
und weiss nicht was ich soll!

a dziadziuś musiał napisać
dichtung und wahrheit
i dodać całą *podróż włoską*

brawa! brawa! dla wnuka
czas wracać do ur-zupy
bracia poeci (i siostry
poetki tyż!)
wracajmy do fazy analnej
tam źródło sztuk wszelkich
pięknych i brzydkich
tertium non datur?
ależ! datur datur
właśnie tertium powstaje
na naszych oczach

mein heimatliches Flüsschen (?)
vielleicht Flüßchen oder Flüschen
Phlüsschen? Nach Vollendung
des 80. Lebensjahrs bindet mich
keine Orthographie mehr
...mein Tadeusz
warum plagst du dich so?

auf meine alten Tage erlebe ich noch
Chats Blogs
Klammeraffen Onlein-Portale
ich betrachte den Großen Wagen
über mir
und weiß nicht was ich darüber denken soll
ich betrachte den Kleinen
und denke wagen und gewinnen

großartig war Goethes Enkel
wie sagte Er noch?
„...ich stehe vorm Kapitol
und weiß nicht was ich soll!"

das Großväterchen musste
Dichtung und Wahrheit schreiben
und eine ganze *Italienische Reise* hinzufügen

Bravo! Bravo! dem Enkel
Zeit in die Ur-Suppe zurückzukehren
Brüder Poeten (und Schwestern
Poetinnen ooch!)
kehren wir in die anale Phase zurück
dort liegt die Quelle aller Kunst
der schönen und der hässlichen
tertium non datur?
aber nicht doch! datur datur
das Tertium entsteht gerade
vor unseren Augen

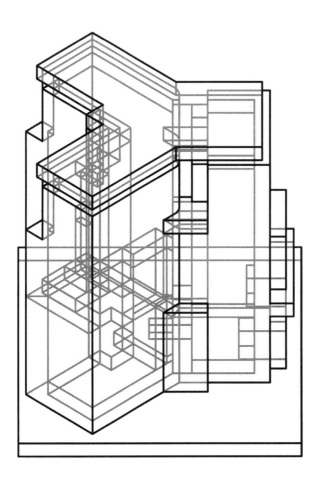

tempus fugit (opowieść)

Mroźną mieliśmy podróż
Toż to najgorsza w roku pora
na wędrowanie, na tak daleką wędrówkę
Ogniska nocne gasnące, bezdomność
te miasta wrogie, grody nieprzyjazne,
te wioski brudne a drożące się...
„czyli nas wiodła tak daleka droga
po Narodziny, czy po Śmierć?"

pustelnia brata Ryszarda
położona na wysokościach
czwartego piętra
wykuta jest w stoku Góry Betonowej
za oknem Stepy Akermańskie
tysiące domowych ognisk
zapala się i gaśnie

pustelnia brata Ryszarda
jest niedostępna dla bałwanów
pewnego
gatunku literatów „artystek"

przed końcem świata
pielgrzymuję z bratem Piotrem
na Akermańską Górę
mors certa hora incerta

w tym roku wędrowali z nami
Kacper Melchior i Baltazar
ale drogi nasze rozeszły się
na ulicy Bonifacego (papieża?)

tempus fugit (eine Geschichte)

Eine eisige Reise war das
In wohl der schlimmsten Zeit im Jahr
für Wandern, für eine so lange Wanderung
Die Nacht-Feuer erlöschend, ohne Obdach
die Städte feindselig, die Burgen unfreundlich
die Dörfer schmutzig und teuer...
„hat uns denn dieser lange Weg
zu Geburt oder Tod geführt?"

Bruder Ryszards Einsiedelei
liegt in den Höhen
im vierten Stock und ist
im Abhang des Beton Berges ausgehauen
das Fenster geht auf die Akerman Steppen hinaus
wo tausende von heimischen Herden
angezündet werden und erlöschen

Bruder Ryszards Einsiedelei
ist unzugänglich für die Blöden
eine bestimmte
Art von Literaten „Künstlerinnen"

vor dem Weltuntergang
pilgere ich mit Bruder Piotr
zum Akerman Berg
mors certa hora incerta

in diesem Jahr wanderten mit uns
Kaspar Melchior und Balthasar
aber unsere Wege schieden sich
auf der Bonifacego Straße (Papst?)

...mijamy Kaukaską pozdrawiamy
Prometeusza
błądzimy w labiryncie ulic
wreszcie jesteśmy na miejscu
magicznym
(wszystkie miejsca w tym kraju są magiczne)

w koszu mechanicznym
wciąga nas energia niewidzialna
na siódme piętro
opuszczamy się na czwarte
w między-czasie siła fatalna
przerobiła nas – zjadaczy chleba
w anioły („lewe" – oczywiście!)

często w naszej wędrówce
błądzimy
często siła nieczysta strąca
nas na parter
do piwnicy a nawet do pralni
pytamy tubylców
o pustelnię starca
Zosimy „taki tu nie mieszka"
odpowiadają nam mazurząc
a czy pan pani nie wiedzą
na którym piętrze mieszka
Profesor Ryszard Przybylski
patrzą na nas i mówią
że „o takim nie słyszeli"

po jakimś czasie stoimy
przed kratą

krata unosi się i już siedzimy
w celi śmierci nr 20
która jest (jak plaster miodu)

...wir gehen an die Kaukaska vorbei grüßen
den Prometheus
irren im Labyrinth der Straßen umher
endlich sind wir am magischen
Ort
(in diesem Land sind alle Orte magisch)

in dem mechanischen Korb
zieht uns die unsichtbare Energie
auf den siebten Stock hinauf
wir lassen uns auf den vierten hinunter
die fatale Kraft in der Zwischen-Zeit
hat uns – Normalbürger in Engel
(„zur Linken" – natürlich!) verwandelt

oft kommen wir vom Wege ab
in unserer Wanderung
oft stürzt uns die dunkle Macht
zum Erdgeschoß in den Keller
sogar in die Waschküche hinunter
wir fragen den Einheimischen
nach der Einsiedelei des Alten
Zosimas „so einer wohnt hier nicht"
antworten sie masurierend
und wissen Sie Herr Frau
in welchem Stock wohnt
Professor Ryszard Przybylski
sie schauen uns an und sagen
„von so einem haben wir nie gehört"

nach einiger Zeit stehen wir
vor einem Gitter

das Gitter hebt sich und schon
sitzen wir in der Todeszelle Nr. 20
die (wie eine Honigwabe)

ulepiona z tysięcy książek
uśmiechamy się milczymy
nie-wymownie

Ryszard podnosi do ucha
trąbkę dłoni mówcie głośniej
od wczoraj nie-dosłyszę

wymieniamy kilka zdawkowych
słów na temat aniołów
które jako „byty subtelne" wcieliły
się w obrazy mistrza Jerzego z Krakowa
kilka takich subtelnych bytów
otacza głowę brata Ryszarda
kiedy śpi snem nie-spokojnym

przespałeś bracie narodziny
nowego Anioła Stróża
Świętego Anioła Polski
widzę zdziwienie nie-dowierzanie
na twarzy Ryszarda
jest już projekt pomnika
fundacja nominacja jurorzy
stała się cisza jak makiem zasiał

Anioły
strącone
są podobne
do płatków sadzy
do liczydeł
do gołąbków nadziewanych
czarnym ryżem
są też podobne do gradu
pomalowanego na czerwono
do niebieskiego ognia
z żółtym językiem

aus tausenden Büchern geformt ist
wir lächeln schweigend
nicht vielsagend

Ryszard macht einen Trichter
aus der Hand sprich lauter
seit gestern bin ich schwer-hörig

wir wechseln ein paar herkömmliche
Worte über die Engel die sich
in die Bilder des Meisters Jerzy von Kraków
als „feine Wesen" verkörpert haben
wenn sein Schlaf un-ruhig wird
umgeben einige dieser feinen Wesen
Bruder Ryszards Kopf

du hast verschlafen Bruder die Geburt
eines neuen Schutzengels
Des Heiligen Engels Polens
ich sehe Verblüffung Mißtrauen
in Ryszards Gesicht
das Denkmalprojekt ist schon da
auch die Stiftung die Ernennung die Juroren
eine absolute Stille trat ein

die gestürzten
Engel
sind
wie Rußflocken
wie Rechenbretter
wie Kohlroulade
gefüllt mit schwarzem Reis
auch wie
rotbemalter Hagel
wie ein blaues Feuer
mit gelber Zunge

anioły strącone
są podobne
do mrówek
do księżyców które wciskają się
za zielone paznokcie umarłych

anioły w raju
są podobne do wewnętrznej strony uda
niedojrzałej dziewczynki

są jak gwiazdy
świecą w miejscach wstydliwych
są czyste jak trójkąty i koła
mają w środku
ciszę

strącone anioły
są jak otwarte okna kostnicy
jak krowie oczy
jak ptasie szkielety
jak spadające samoloty
jak muchy na płucach padłych żołnierzy
jak struny jesiennego deszczu
co łączą usta z odlotem ptaków

milion aniołów
wędruje
po dłoniach kobiety

są pozbawione pępka
piszą na maszynach do szycia
długie poematy w formie
białego żagla

ich ciała można szczepić
na pniu oliwki

die gestürzten Engel
sind wie
Ameisen
wie die Monde die sich drängen unter
die grünen Fingernägel der Toten

Engel im Paradies
sind wie die inwendige Seite des Schenkels
eines jungen Mädchens

sie sind wie die Sterne
scheinen an schamhaften Stellen
sind rein wie Dreiecke und Kreise
in ihrem Inneren herrscht
Stille

die gestürzten Engel
sind wie die geöffneten Fenster einer Leichenhalle
wie Kuhaugen
wie Skelette der Vögel
wie abstürzende Flugzuege
wie Fliegen auf den Lungen der gefallenen Soldaten
wie die Saiten des Herbstregens
die den Mund und den Fortflug der Vögel verbinden

eine Million Engel
wandern
auf den Händen der Frau

sie sind nabellos
auf Nähmaschinen schreiben sie
lange Gedichte in der Form
von weißem Segel

ihre Leiber kann man pfropfen
auf den Stamm eines Olivenbaums

śpią na suficie
spadają kropla po kropli

W celi nr 20
jestem najstarszym skazańcem
siedzę już 83 lata (podobnie
jak wszyscy żywi skazany jestem
na dożywocie) – bez widoków na
życie wieczne patrzę w sufit

Ryszard i Piotr milczą
ile masz lat Rysiu? zagajam
Piotr też ma swoje lata
pewnie przekroczył sześć-dziesiątkę?
mam 69 mówi Piotr
69 to liczba magiczna
a nawet erotyczna
figura

Piotr używa komórki maila kompiutera i wirusa
on jeden umie prowadzić
samo-chód
a także teatr Poza
(poza czym Piotrze?) Piotr mówi z troską
że Hoene-Wroński sprzedał jakiemuś Francuzowi
Absolut

patrzę na grzbiety
książek (Mandelsztam Lévinas...)

powoli otwiera się książka
za książką
Piotr mówi do Ryszarda
„wiesz, Tadeusz powiedział mi dzisiaj
– w zaufaniu – że teoria Kopernika
była szkodliwa nie tylko dla
kościoła, ludzie

sie schlafen an der Zimmerdecke
und tröpfeln herunter

In der Zelle Nr. 20
bin ich der älteste Verurteilte
ich sitze schon 83 Jahre (wie
alle Lebenden bekam ich
„lebenslänglich") – ohne Aussichten
auf das ewige Leben betrachte ich die Decke

Ryszard und Piotr schweigen
wie alt bist du Ryszard? eröffne ich
Piotr ist auch nicht mehr der Jüngste
schon in den Sechzigern vielleicht?
ich bin 69 sagt Piotr
69 ist eine magische Zahl
eine erotische Figur
sogar

Piotr ist vertraut mit Handys eMail Computer und Viren
allein hier kann er
das Auto fahren
er leitet das Theater „Außerhalb"
(außerhalb von was, Piotr?) Piotr sagt mit Besorgnis
daß Hoene-Wroński das Absolute an einen Franzosen
verkauft hatte

ich sehe die Rücken
der Bücher an (Mandelstam Lévinas...)

langsam öffnen sich die Bücher
nacheinander
Piotr sagt zu Ryszard
„weißt du, Tadeusz hat mir heute gesagt
– im Vertrauen – daß die Theorie Koperniks
nicht nur für die Kirche
schädlich war, die Menschen

żyli na płaskiej nieruchomej Ziemi
i byli szczęśliwi
wystarczy jeśli o obrotach ciał niebieskich
wie wybrana grupa... kapłanów i polityków"
Tu wtrąciłem
proszę nie mów o tym ani Marysi
ani Hani ani Joli ani Ani... dla mnie
Ziemia była i jest centrum Kosmosu
człowiek jest jedynym stworzeniem
które stworzyło Boga który stworzył
człowieka

Ryszard przyłożył trąbkę do ucha
i wyszeptał

„mnich który liczył ziarnka zjedzonej
w ciągu dnia fasoli, chociaż marzył o tym,
aby stać się już teraz aniołem,
w głębi serca przejęty był swoim ciałem..."
poruszyłem się niespokojnie
we *Vršackiej elegii* pisanej dla
zmarłego poety Vasco Popy powiedziałem
„chodźmy na obiad lubię fasolową zupę"

ale Vasco umarł
a Jugosławia została rozebrana
ikonom prawo-sławnym
jeszcze raz wyłupiono oczy
na Kosowym Polu
bób i fasola to moje ulubione
ziarna nie-jedną miskę bobu
zjadłem z Mistrzem Jerzym
...fasolka po bretońsku... przysmak
naszej młodości...
młodości podaj mi skrzydła
a nad martwym wzlecę światem
razem młodzi przyjaciele!

lebten auf der flachen unbeweglichen Erde
und sie waren glücklich
es genügt wenn von den Bewegungen der Weltkörper nur
eine auserwählte Gruppe weiß... die Priester und die Politiker"
Hier schob ich ein
sag bitte nichts davon weder Maria
noch Hanna noch Jolanta noch Anna... für mich
war und ist die Erde das Zentrum des Weltalls
der Mensch ist das einzige Geschöpf
das schuf Gott der schuf
den Menschen

Ryszard setzte den Trichter ans Ohr
und flüsterte

„der Mönch der die tagsüber gegessenen
Bohnen zählte, obwohl es sein Traum war
schon jetzt ein Engel zu werden, im Grunde
seines Herzens war mit seinem Körper beschäftigt... "
ich bewegte mich unruhig
in *Vršacka Elegie* geschrieben für den
verstorbenen Dichter Vasco Popa sage ich
„gehen wir zum Mittagessen ich mag Bohnensuppe"

aber Vasco ist tot
und Jugoslawien wurde aufgeteilt
den griechisch-orthodoxen Ikonen
wurden nochmals die Augen ausgestochen
auf dem Kosovo Pole
Bohnen und Saubohnen sind meine
Lieblingssamen manche Schüssel Saubohnen
haben wir mit Meister Jerzy gegessen
...Bohnen in Tomatensoße... der Leckerbissen
unserer Jugend...
Jugend reich mir die Flügel
und ich fliege über der toten Welt auf
zusammen junge Freunde!

Ryszard i Piotr spojrzeli
po sobie i na mnie
ja to on to ty ty to ja (odbiło mi się Lévinasem!)
zacząłem rozmawiać z Rysiem
o Mandelsztamie i pani Nadieżdie
o Annie Achmatowej o obozie
przejściowym Wtoraja Rieczka
dosiadłem mojego konika
mówiłem o Dostojewskim
o uniewinnieniu Wiery Zasulicz
o Placu Siemionowskim
i o tym że byłem w zeszłym
roku w twierdzy „Orieszek"
w celi Waleriana Łukasińskiego

na stole zjawiło się czerwone wino
chleb ser poprosiłem o wodę
in vino veritas in aqua sanitas
w winie prawda w wodzie zdrowie

zacząłem atakować Lévinasa
który staje się „modny"... byłem
zły... że zabrał mi
„twarze" (sprawa do wyjaśnienia)

Piotr wie o co chodzi a nawet
o co się roz-chodzi...

Zaczęliśmy milczeć po milczeniu
Piotr opisał nam scenę
która „rozegrała się"
przed wielu laty
w paryskiej kawiarni
między Jarosławem Iwaszkiewiczem
i nieznajomą kobietą
która siedziała sama
przy stoliku i płakała

Ryszard und Piotr blickten
einander und dann mich an
ich bin ihm bin dir du bist mir (mir stieß Lévinas auf!)
ich fing an mit Ryszard über Mandelstam
und Frau Nadeschda zu sprechen
über Anna Achmatowa und dem
Übergangslager Wtoraja Rietschka
ich ritt mein Steckenpferd
und sprach von Dostojewski
von Wiera Zasuliczs Begnadigung
von Siemionowski Platz
und daß ich im vorigen
Jahr in der Festung „Orieschek" zu Besuch war
in Walerian Łukasińskis Zelle

auf dem Tisch tauchten Rotwein
Brot Käse auf ich bat ums Wasser
in vino veritas in aqua sanitas
im Wein Wahrheit im Wasser Gesundheit

ich griff Lévinas an
er wird „modern"... ich war
verärgert... weil er mir „die Gesichte"
weggenommen hatte (das ist noch zu klären)

Piotr weiß um was es geht ja sogar
auch um was es nicht geht

Wir schwiegen eine Weile dann
beschrieb Piotr die Szene
die sich vor vielen Jahren
in einem Pariser Café
„abgespielt" hatte
beteiligt waren Jarosław Iwaszkiewicz
und eine unbekannte Frau
die alleine am Tisch saß
und weinte

nikt się tym „zjawiskiem"
nie interesował
być może była to modna
kawiarnia egzystencjalistów
członków „ruchu oporu" (ho! ho!)
kolaborantów
kobieta płakała
nie ukrywała twarzy

Jarosław wstał
podszedł do kobiety
pochylił się nad nią
mówił coś szeptał do ucha
objął ramieniem mówił dalej

kobieta przestała płakać
otarła łzy wyszła

Jarosław wrócił na swoje miejsce
i powiedział (do Piotra)

„kiedy ktoś płacze
trzeba go czasem dotknąć
objąć"

Wypiliśmy po kieliszku
czerwonego wina

pamiętacie – odezwał się Ryszard
jak Nietzsche objął za szyję
dorożkarskiego konia
i zapłakał... to było w Trieście?

To było w Turynie
i było inaczej
woźnica bił konia po głowie
Nietzsche objął torturowane zwierzę

keiner interessierte sich
für „das Ereignis"
vielleicht war das
das Lieblingscafé „des Widerstandes" (ho! ho!)
der Kollaborateure
die Frau weinte
ihr Gesicht blieb unverborgen

Jarosław stand auf
näherte sich der Frau
neigte sich über sie
sprach flüsternd in ihr Ohr
umarmte sie sprach weiter

die Frau hörte auf zu weinen
wischte die Träne ab verließ das Café

Jarosław kam zu seinem Platz zurück
und sagte (zu Piotr)

„wenn jemand weint
manchmal muß man ihn berühren
umarmen"

wir tranken ein Glas
Rotwein

Ryszard sagte – erinnert ihr euch
wie Nietzsche ein Droschkenpferd
umarmte
und weinte... war das in Triest?

Das war in Turin
und es war anders
der Kutscher schlug dem Pferd auf den Kopf
Nietzsche umarmte das gequälte Tier

i zapłakał
wenige Augenblicke später
taumelte er von einem Gehirnschlag gerührt,
zu Boden
Nietzsche wiedział że koń
nie będzie mówił banałów
nie będzie pocieszał

nad-człowiek i filozof
szukał pociechy u konia
a nie u Platona
Ryszard: z czego się śmiejecie?
Nietzsche zwariował ale co się
stało z koniem?
ja wiem... konia
zjedli Włosi oni
zjadają polskie konie a nawet
skowronki (pisałem o tym w sztuce
Spaghetti i miecz) trzeba ich
ewangelizować... wszystkich...
Moskwę... Rzym... Paryż...

mieliśmy rozmawiać o Bogu
przypomniałem

wiecie co odpowiedział Mickiewicz
francuskiemu pisarzowi
który zapraszał do swojego „Salonu"
na rozmowy o Bogu?

„o Bogu przy herbacie nie rozmawiam"

przecież to dużo mądrzejsze niż
powiedzenie Nietzschego „Bóg umarł"
albo Dostojewskiego „jeśli Boga nie ma
to wszystko wolno"

und weinte
„wenige Augenblicke später
taumelte er von einem Gehirnschlag gerührt,
zu Boden"
Nietzsche wußte daß das Pferd
keine Banalitäten reden würde
daß es ihn nicht trösten würde

Der Über-Mensch und der Philosoph
suchte den Trost beim Pferd
und nicht bei Platon
Ryszard: wieso lacht ihr?
Nietzsche wurde verrückt aber was
passierte mit dem Pferd?
ich weiß... die Italiener
hatten das Pferd gegessen sie
essen polnische Pferde ja sogar
die Lerchen (ich schrieb davon im Stück
Spaghetti und Schwert) man muß sie
evangelisieren... alle...
Moskau... Rom... Paris...

wir hatten es vor über Gott
zu sprechen erinnerte ich

wißt ihr was antwortete Mickiewicz
dem französischen Schriftsteller
der in seinen „Salon" eingeladen hatte
um über Gott zu sprechen?

„über Gott rede ich nicht beim Tee"

das ist doch viel klüger als
Nietzsches „Gott ist tot"
oder Dostojewskis „wenn es keinen Gott gibt
dann ist alles erlaubt"

Hora est... powiedziała do nas Cisza

Lévinasa oddam Ci jeszcze
przed odlotem z Warszawy

Bóg jest modny Modny jest też absolut
Boga zapraszają do telewizji
Bóg Lévinasa Bóg Bubera
Bóg Hegla Pascala Blocha
Heideggera Rosenzweiga
występuje między Telenowelą argentyńską kawą i
herbatą

Lévinas myśli że Boga można
odmieniać przez przypadki
zamienili teologię na gramatykę

Lévinas!
Lévinas o tym że musi umrzeć
dowiaduje się od Jankélévitscha
jeśli Bóg jest filozofia jest niepotrzebna
filozofia Heideggera i Rosenzweiga

Hora est... rozległo się milczenie
(dalszego ciągu nie będzie)

ale Piotr poruszył wodę
i zacytował Hegla szeptem
po niemiecku...
„es ist der Schmerz, der sich
als das harte Wort ausspricht
daß Gott gestorben ist"

Konstancin – Wrocław
styczeń-marzec 2004 roku

Hora est... sagte Die Stille zu uns

Lévinas bekommst du zurück
noch vor meinem Abflug aus Warschau

Gott ist modern Modern ist auch das Absolute
sie laden Gott in Fernsehstudios ein
der Gott von Lévinas der Gott von Buber
der Gott von Hegel Pascal Bloch
Heidegger Rosenzweig
tritt zwischen Telenovelle argentinischem Kaffee und
Tee auf

Lévinas glaubt daß man Gott
deklinieren kann
sie haben die Grammatik an die Stelle der Theologie gesetzt

Lévinas!
daß er sterben muß
erfährt er erst von Jankélévitsch
wenn es Gott gibt dann ist Philosophie überflüssig
die Philosophie von Heidegger und Rosenzweig

Hora est... das Schweigen ließ sich hören
(eine Fortsetzung wird es nicht geben)

Piotr aber störte die Ruhe des stillen Wassers
und flüsterte auf Deutsch
ein Zitat von Hegel...
„es ist der Schmerz, der sich
als das harte Wort ausspricht
daß Gott gestorben ist"

Konstancin – Wrocław
Januar-März 2004

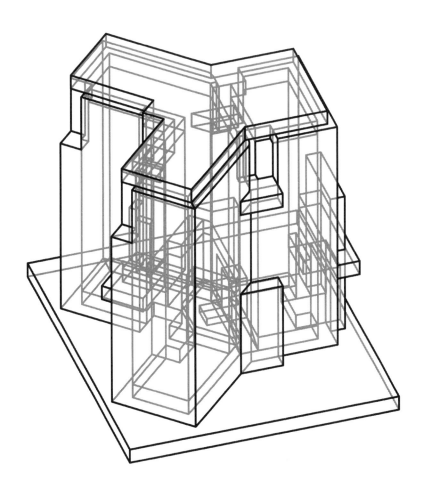

Der Zauberer Czarodziej

gazety niemieckie donosiły:
Berlin im Christo-Fieber

Christo spowił Reichstag
zużywając tysiące metrów
srebrzystej cudownej
tkaniny

pierwszy zniknął portal
z napisem
„Dem deutschen Volke"
„Niemieckiemu narodowi"

Kiedyś bardzo bardzo dawno
kiedy na świecie nie było jeszcze
Christo and Jeanne-Claude
Reichstag płonął
łuna objęła niebo nad Niemcami
nad Europą
nad światem
potem spalono na stosie
Heinego Brechta
braci Mannów
Benn szukał gorliwie
aryjskich korzeni
Ernst Jünger wciągnął rękawiczki

Goebbels szczekał
kłamał jak z nut
miał artystyczną duszę
pisał sztuki teatralne

Der Zauberer Czarodziej

die deutsche Presse berichtete:
Berlin im Christo-Fieber

Christo hüllte den Reichstag ein
verbrauchte dafür tausende Meter
eines silbernen wunderschönen
Stoffes

als erstes verschwand das Portal
mit der Aufschrift
„Dem deutschen Volke"
„Niemieckiemu narodowi"

Einst sehr sehr lange her
als Christo and Jean-Claude
noch nicht da waren
brannte der Reichstag
der Feuerschein erfaßte den Himmel über Deutschland
über Europa
über der Welt
danach verbrannten Heine Brecht
Gebrüder Mann
auf dem Scheiterhaufen
Benn suchte eifrig
nach arischen Wurzeln
Ernst Jünger zog die Handschuhe an

Goebbels bellte
lügte wie gedruckt
seine Seele war die eines Künstlers
er schrieb Theaterstücke

Göring rechotał i ryczał
rabował
arcydzieła malarstwa
fałszywego Vermeera
i prawdziwego Vermeera

dywanowe naloty zamieniły
miasto w gruz i popioły
Adelheid hat Supp' gekocht
die ganze Woch'
auf einem Knoch'
mijały lata mijały wojny
deszcz przestał padać
słońce stało nad Berlinem
uśmiechnięty koniec XX wieku
Dymitrowa i Lubbego
nikt już nie pamiętał
był rok 1995

Reichstag owinięty w srebrne suknie
zapomniał o swojej historii

zimne języki ognia próbowały opowiedzieć
młodym o tych czarnych płomieniach
ale oni nie słuchali
byli zajęci paradą „miłości"
perłą w pępku kolczykiem w uchu

ale wróćmy
do owijania Reichstagu

być może był to symboliczny dzień
zaślubin
historycznej budowli
ze współczesnością

Göring gluckste und brüllte
raubte
die Meisterwerke der Malerei
den gefälschten Vermeer
und den echten Vermeer

die Bombenteppiche verwandelten
die Stadt in Schutt und Asche
„Adelheid hat Supp' gekocht
die ganze Woch'
auf einem Knoch'"
die Jahre vergingen und die Kriege
der Regen hat aufgehört
die Sonne stand über Berlin
des XX. Jahrhunderts lächelndes Ende
keiner erinnerte sich mehr
an Dimitroff und Lubbe
es war das Jahr 1995

eingewickelt in silberne Kleider
vergaß der Reichstag seine Geschichte

die kalten Feuerzungen versuchten den jungen Leuten
von jenen schwarzen Flammen zu erzählen
aber die Jugend hörte nicht zu
sie war mit der Loveparade beschäftigt
mit dem Ring im Ohr und der Perle im Nabel

doch kehren wir zur
Reichstagseinwicklung zurück

vielleicht war das der symbolische Tag
der Vermählung
eines historischen Gebäudes
mit der Gegenwart

Kanclerz Kohl nie rozumiał
o co chodzi w tym całym owijaniu
można mu to wybaczyć
przez przypadek został Postacią Historyczną
kanclerzem Zjednoczonych Niemiec
obok Reagana Wałęsy
doprowadził do upadku imperium zła
przyczynił się do zburzenia muru berlińskiego
muru chińskiego
oraz zamiany żelaznej kurtyny
na kurtynę aksamitną

Ernst Jünger zdjął rękawiczki

wrócił do kolekcji
żuczków i motyli
skończył 100 lat

zostawił po sobie
wiele książek
zostawił zapiski
kaukaskie z 1942-1943

„partyzantów jednak nie obejmuje
prawo wojenne, jeśli o czymś takim
można jeszcze mówić. Osacza się ich
w lesie niczym sfory wilków celem
unicestwienia. Słyszałem rzeczy,
które wkraczają w sferę zoologii"

był z natury entomologiem

mieliśmy ze sobą coś wspólnego
lubię żuczki motyle chrząszcze
byłem w partyzantce i piszę...

Kanzler Kohl verstand nicht
um was es ging mit all dieser Einwicklung
man kann ihm das verzeihen
durch Zufall wurde er zu einer historischen Gestalt
der Kanzler des vereinigten Deutschlands
der neben Reagan und Wałęsa
das Imperium des Bösen zu Fall brachte
er trug zum Abriß der Berliner Mauer und
auch der Chinesischen Mauer bei
und zum Auswechseln des Eisernen Vorhangs
gegen den samtenen

Ernst Jünger streifte die Handschuhe ab

er kehrte zu seiner Sammlung
von Käfern und Schmetterlingen zurück
und wurde 100 Jahre alt

er hinterließ
viele Bücher
er hinterließ Kaukasische
Aufzeichnungen von 1942-1943

„Die Partisanen aber stehen außerhalb
des Kriegsrechts, soweit von solchem
noch gesprochen werden kann. Sie werden
Wolfsrudeln gleich in ihren Wäldern
zur Ausrottung umstellt. Ich hörte hier Dinge,
die in die Zoologie einschneiden."

von Natur aus war er Entomologe

wir hatten manches gemeinsam
ich mag Käfer und Schmetterlinge
ich war Partisan und ich schreibe

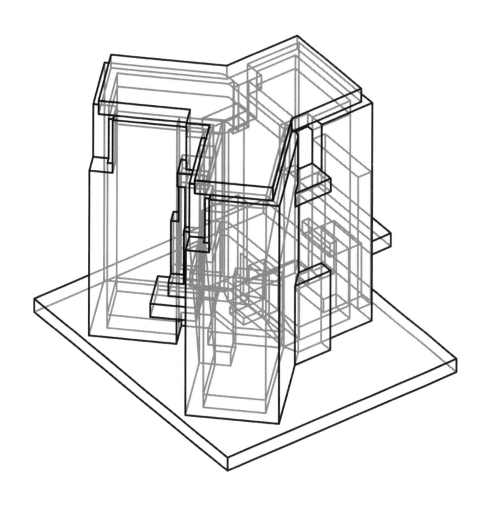

nauka chodzenia

„langgestreckt auf meiner Pritsche
starre ich auf die graue Wand"

w ostatnich dwóch latach biorę lekcje
u pastora Dietricha Bonhoeffera
który został powieszony
9 kwietnia 1945 roku

na rozkaz Führera
Hitlera Hiedlera Hüttlera
Hitlera Schickelgrubera
czy jak mu tam było?

Führer zdechł 30 kwietnia
razem z wiernym psem
(biedny pies)

w moim długim życiu
brałem lekcje nie tylko u poetów

u Goethego Hölderlina Heinego
Rilkego
„Denn das Schöne ist nichts
als des Schrecklichen Anfang (...)"

Rilke do końca życia
trzymał się kurczowo
kobiecych sukni
krył się w zakamarkach
niewieścich szat
pozostał do śmierci

gehen lernen

„langgestreckt auf meiner Pritsche
starre ich auf die graue Wand"

in den letzten zwei Jahren nehme ich Unterricht
beim Pastor Dietrich Bonhoeffer
der am 9. April 1945
aufgehängt wurde

auf Befehl von Führer
Hitler Hiedler Hüttler
Hitler Schickelgruber oder
wie auch immer er heißen mochte

der Führer krepierte am 30. April
zusammen mit seinem treuen Hund
(der arme Hund)

in meinem langen Leben
nahm ich Unterricht nicht nur bei Dichtern

bei Goethe Hölderlin Heine
Rilke
„Denn das Schöne ist nichts
als des Schrecklichen Anfang (...)"

Bis zum Ende seines Lebens
hielt Rilke sich krampfhaft
an Frauenkleidern fest
und verbarg sich
in deren Schlupfwinkel
blieb bis zum Tode

w sukience dziewczynki
w którą
ubrała go mama

„była jak suknia
upiorna i straszna"

gdyby się zatrzymał choć na chwilę
z Heinrichem Ziellem
Am Pferdefleischwagen!
ale Rilke wybrał wieżę anioła
księżniczkę Thurn und Taxis
więc go opuściłem i poszedłem
na naukę do Brechta
po drodze spotkałem Grabbego
(niezwykły facet!) i Benna

Bonhoeffera spotkałem we Wrocławiu

zacznij od początku
zacznij jeszcze raz mówił do mnie
naukę chodzenia
naukę pisania czytania
myślenia

trzeba się z tym zgodzić
że Bóg odszedł z tego świata
nie umarł!
trzeba się z tym zgodzić
że jest się dorosłym
że trzeba żyć
bez Ojca

i mówił jeszcze
że trzeba żyć godnie
na świecie bezbożnym
nie licząc na karę ani nagrodę

im Mädchenkleid
in welchem ihn
die Mutter angezogen hatte

„sie war wie ein Rock
gespenstisch und schrecklich"

hätte er wenigstens einen Augenblick
mit Heinrich Zielle
Am Pferdefleischwagen verweilt!
Aber Rilke entschied sich für einen Engelsturm
für die Prinzessin Thurn und Taxis
daher verließ ich ihn und ging
zu Brecht als Lehrling
unterwegs traf ich Grabbe
(ein ungewöhnlicher Mensch!) und Benn

Bonhoeffer traf ich in Wrocław

mach einen neuen Anfang
fang nochmals an sagte er zu mir
das Gehenlernen
das Schreiben- das Lesen-
das Denkenlernen

man soll akzeptieren
daß Gott weg gegangen ist
nicht gestorben!
man soll akzeptieren
daß man erwachsen ist
daß man ohne Vater
leben muß

und er sagte noch
daß man würdig leben soll
in der gottlosen Welt
weder Strafe noch Lohn erwartend

czy nie zgrzeszyłem
porównując Führera
do psa? przecież to był człowiek
miał matkę i ojca
siostrę i brata
był artystą zostawił po sobie
akwarele rysunki
był pisarzem kochał Wagnera
zostawił po sobie *Mein Kampf*
krążą po moim kraju wieści
że *Mein Kampf* wydano
w języku polskim ale nikt nic
nie widział nie słyszał...
niestety Führer zdechł
a problem żydowski ciągle czeka
na ostateczne rozwiązanie
„Endlösung der Judenfrage”

Żydzi Arabowie Polacy i Niemcy
są trochę przeczuleni
wszędzie węszą antysemityzm
a przecież las zasadzonych
ręką Sprawiedliwych drzew
rośnie gęstnieje zieleni się
podchodzi pod okna naszych
domów
produkuje się znakomite komedie
o Oświęcimiu Majdanku Sobiborze
pasja i holokaust zaczynają
przynosić coraz większe zyski
czterysta milionów dolarów to jest kasa
nie jakieś tam trzydzieści srebrników

siedzieliśmy w cieniu drzew
w małej piwiarni koło kościoła
świętej Elżbiety

war das nicht eine Sünde
Hitler mit dem Hund
zu vergleichen? er war doch Mensch
hatte Mutter und Vater
Schwester und Bruder
war ein Künstler hinterließ
Aquarelle Zeichnungen
er war Schriftsteller liebte Wagner
hinterließ *Mein Kampf*
in meinem Land laufen Gerüchte um
daß *Mein Kampf* auf Polnisch
erschienen ist aber keiner
hat was gesehen was gehört...
leider krepierte der Führer
und das Jüdische Problem wartet
nach wie vor auf die Endlösung
„Endlösung der Judenfrage"

die Juden die Araber die Polen und die Deutschen
sind ein wenig überempfindlich
sie riechen Antisemitismus überall
dennoch wächst der Wald den die Gerechten
mit Bäumen gepflanzt haben
er wird dichter leuchtet grün
geht an die Fenster unserer Häuser heran
man produziert tolle Komödien
über Auschwitz Majdanek Sobibor
Passion und Holocaust fangen an
immer größere Gewinne zu bringen
vierhundert Millionen Dollar das ist Kohle
und nicht irgendwelche dreißig Silberlinge

wir saßen im Schatten der Bäume
in einer Bierstube neben der
Elisabethkirche

Bonhoeffer czytał mi
swoje wiersze pisane w Tegel

„langgestreckt auf meiner Pritsche
starre ich auf die graue Wand"

patrzyłem na Światło na jego pomnik
bez głowy bez ramion

a może Bóg wystraszył się
i opuścił Ziemię?

zamiast odpowiedzieć
na moje pytanie
położył palec na ustach

czy to jest znak
że nie chcesz że nie możesz
odpowiedzieć na moje pytanie

owinięty w brudny cuchnący koc
z zamkniętymi oczami
wsłuchiwał się w szarą ścianę celi
oczami wyobraźni
malował na niej polne kwiaty
modraki kąkole rumianki
maki i znów bławatki
oczy i usta narzeczonej

czy to jej odchodzące kroki
czy kroki skazanego na śmierć
Brata

drzwi zatrzaśnięte

„Ich gehe mit dir Bruder
an jenen Ort
und ich höre dein letztes Wort"

Bonhoeffer las mir seine
in Tegel geschriebenen Gedichte vor

"langgestreckt auf meiner Pritsche
starre ich auf die graue Wand"

ich betrachtete Das Licht sein Denkmal
ohne Kopf ohne Arme

vielleicht erschrak Gott
und verließ die Erde?

statt meine Frage
zu beantworten
legte er den Finger an die Lippen

ist das ein Zeichen
daß du nicht willst nicht kannst
meine Frage beantworten

in eine dreckige stinkende Decke umwickelt
mit geschlossenen Augen
lauschte er an der Zellenwand
imaginär malte
dort Feldblumen
Kornraden Mohnblumen Zyanen
Kamille und wieder Kornblumen
die Augen und den Mund seiner Verlobten

sind das ihre weggehenden Schritte
oder die Schritte des zum Tode verurteilten
Bruders

die Tür zugeschlagen

"Ich gehe mit dir Bruder
an jenen Ort
und ich höre dein letztes Wort"

czy nie chcesz odpowiedzieć
na moje pytanie
spytałem go drugi i trzeci raz

wtedy podniósł na mnie oczy
znów palec
położył na wargach

wstał i odszedł

szedł za Chrystusem
naśladował Chrystusa

szedł polną drogą z innymi
uczniami głodni rwali
dojrzałe kłosy
łuskali ziarno jedli
z dłoni
łuskali ziarno palcami
próbowałem ich dogonić
i znalazłem się nagle w świetle
w krainie młodości
w ziemskim raju odnalazłem
oczy i usta
mojej dziewczyny i chabry
i obłoki

wtedy On się zatrzymał
i powiedział
przyjacielu
skreśl jedno „wielkie słowo"
w swoim wierszu
skreśl słowo „piękno"

Wrocław 2002-2004

willst du nicht
meine Frage beantworten
fragte ich ihn das zweite und das dritte Mal

dann hob er die Augen zu mir
und legte nochmals
den Finger an die Lippen

stand auf und ging fort

er folgte Christus
folgte ihm nach

er ging den Feldweg mit anderen
Schülern hungrig pflückten sie
die reifen Ähren
schälten das Korn ab aßen
direkt aus den Händen
schälten das Korn mit den Fingern ab
ich versuchte sie einzuholen
und plötzlich war ich im Licht
im Land der Jugend
im irdischen Paradies fand ich
die Augen und die Lippen
meines Mädchens und Kornblumen
und Wolken wieder

dann hielt Er an
und sagte
Freund
streiche ein „großes Wort"
von deinem Gedicht
streiche das Wort „das Schöne"

Wrocław 2002-2004

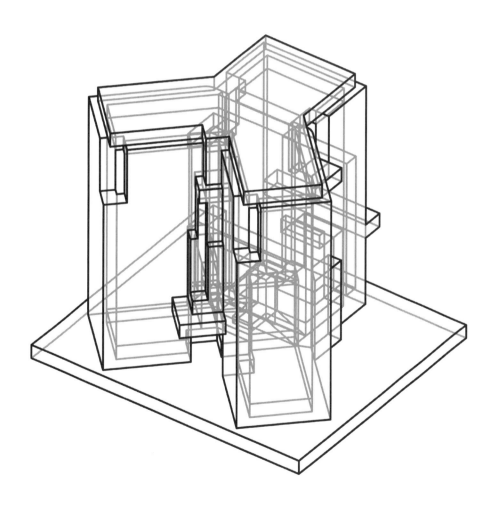

wieczny powrót...

Nietzsche jest znów modny
wraca do Niemiec (i do Polski)
drogą okrężną
przez Paryż
w kostiumie francuskiego filozofa
rumuńskiego pochodzenia

Zaratustra z okolic Naumburga
trochę polski szlachcic
trochę Übermensch

pyta siebie
matkę
siostrę

dlaczego jestem taki mądry
odważny jedyny ukrzyżowany

najlepiej nie myśl o tym
radzi mama
zajmuj się swoimi Grekami
albo coś skomponuj

Siostra „liebes Lama”
właśnie wróciła z Ameryki Południowej
jest trochę zaniepokojona ale dumna
że brat trzyma się prosto
i ma wygląd żołnierza (fast)
„auch Magen und Unterleib in Ordnung”

Frycek wyszedł na dworzec kolejowy
z kwiatami ale bez tej wielkiej szabli

die ewige Wiederkunft...

Nietzsche ist wieder in Mode
er kehrt nach Deutschland (und Polen) zurück
er macht einen Umweg
über Paris
verkleidet als französischer Philosoph
rumänischer Abstammung

Zarathustra aus der Gegend von Naumburg
ein wenig der polnische Adelige
ein wenig *Übermensch*

er fragt sich selbst
er fragt seine Mutter
und seine Schwester

warum bin ich so klug
tapfer einzigartig gekreuzigt

am besten denke darüber nicht nach
rät Mutter
beschäftige dich mit deinen Griechen
oder komponiere was

Die Schwester „*liebes Lama*"
gerade aus Südamerika zurück
ist ein bißchen beunruhigt aber stolz
daß der Bruder sich aufrecht hält
und sieht (*fast*) wie ein Soldat aus
„*auch Magen und Unterleib sind in Ordnung*"

Fritz kam zum Bahnhof
mit Blumen aber ohne den großen Säbel

z którą wybrał się do fotografa
i na wojnę (w roli „łapiducha")

potem jak przystoi orłowi
szukał gniazda na szczytach
w Genui i okolicach
„sono contento"
pisał do domu

poczciwi mieszkańcy Genui
nazywają go „il piccolo santo"
„il santo"
pożegnał z żalem
ideę wiecznego powrotu
gotuje sobie risotto maccaroni
(bez cebuli i czosnku)
karczochy z jajkami i pomidory
dieta jest istotą filozofii
to co się zjada wydala się
w formie myśli
„die ewige Wiederkunft"

pytał Mamę co jedzą
„zwykli" „prości" ludzie
co je nasza biedota

„samotny Nietzsche"
nie znał „prostych" ludzi
nie stykał się z biedotą

nasi ludzie
mój Frycku
jedzą od rana do nocy kartofle
tłuste mięso
świninę
zalewają sznapsem

mit welchem er den Photograph besuchte
und dann zum Krieg ging (als Sanitäter)

dann wie es sich dem Adler schickt
suchte er seinen Horst in den Gipfeln
in Genua und Umgebung
„sono contento"
schrieb er nach Hause

die gutmütigen Bewohner Genuas
nennen ihn „il piccolo santo"
„il santo"
trennt sich mit Wehmut
von der Idee der ewigen Wiederkehr
er lebt von selbstgekochten risotto maccaroni
(ohne Zwiebel und Knoblauch)
Artischoken mit Eier Tomaten
Ernährung ist das Wesen der Philosophie
was man ißt scheidet man
in Form von Gedanken aus
„*die ewige Wiederkunft*"

er fragte seine Mutter
was die „einfachen" Leute essen
was essen die Notleidenden

„der einsame Nietzsche"
kannte keine „einfachen" Leute
keine Notleidenden

unsere Leute
mein lieber Fritz
essen Kartoffeln den ganzen Tag
das fette Fleisch
Schweinefleisch
mit viel Schnaps

pija lurę
którą nazywają kawą

ach! Mamo
i tak w koło wieprzowinę
kartofle lurę
kapustę kiszoną?

tak mało znam nasz lud
jadałem zawsze w samotności

ale wszystkiemu winni są
przywódcy Socjaldemokracji
Mamo...
mężczyzna powinien
być hodowany na żołnierza
kobieta na żonę żołnierza

ze łzami w oczach
rozstał się z ideą
wiecznego powrotu
zrozumiał
że wieczne powroty do Naumburga
to nic ciekawego

i klimat „nie ten" i kuchnia
i sąsiedzi
i siostra Lama i mama
choć kochana...
no i ciotki!
czy orzeł może mieć ciotki?
nawet jeśli są dobre i czułe

„das Meer liegt bleich
und glänzend da
es kann nicht reden"

sie trinken Plempe
die sie Kaffee nennen

ach! Mutter
und immer nur Schweinefleisch
Kartoffeln Plempe
Sauerkraut?

ich kenne unser Volk kaum
ich habe immer allein gegessen

aber an allem ist
die Führung der Sozialdemokratie schuld
Mutter...
den Mann soll man als Soldat erziehen
und die Frau als Ehefrau des Soldaten

mit Tränen in den Augen
nahm er Abschied von der Idee
der ewigen Wiederkunft
er sah
daß ewig nach Naumburg wiederzukehren
nicht besonders spannend ist

daß das Klima stimmt nicht
und die Küche
und die Nachbarn auch nicht
und die Schwester Lama und Mutter
obwohl lieb auch nicht...
und auch nicht die Tanten!
denn kann ein Adler Tanten haben
selbst wenn sie gut und liebevoll sind?

„das Meer liegt bleich
und glänzend da
es kann nicht reden"

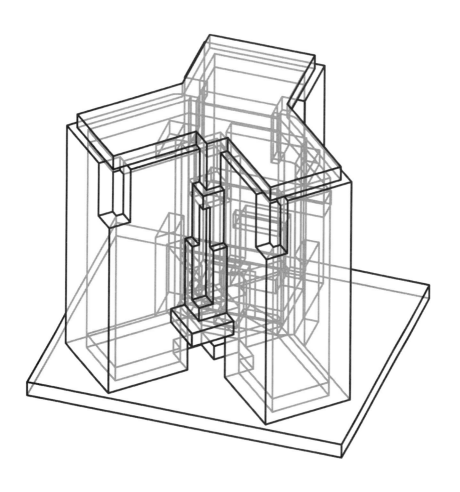

* * *

Mistrz Jakob Böhme
(to nie mój mistrz)

a więc
śląski szewc
nazwiskiem Jakob Böhme
„philosophus teutonicus"
jak o nim mówiono

który mieszkał koło mostu
w Görlitz

opowiedział mi jak
zobaczył odblask boskiego światła
na cynowym dzbanie
a może kuflu do piwa

szedłem ze Zgorzelca do Görlitz
żeby kupić buty a może koniak
armie mrówek maszerowały
przez most niosąc w ramionach
Ogrodowe Krasnale Gartenzwerge
koszyki wiklinowe napoje wyskokowe

nie pamiętam już dokładnie
opowiadania tego skromnego człowieka
i rzetelnego rzemieślnika

* * *

Meister Jakob Böhme
(nicht mein Meister)

also
der schlesische Schuster
Jakob Böhme
genannt
„philosophus teutonicus"

der in Görlitz neben
der Brücke lebte

erzählte mir wie er
den Abglanz des göttlichen Lichts
auf einem Zinnkrug oder
einem Bierglas sah

ich war von Zgorzelec nach Görlitz
unterwegs um Schuhe oder Cognac
zu kaufen
ein Heer von Ameiesen marschierte
über die Brücke jede mit einem
Gartenzwerg in Armen
Außer Gartenzwergen trugen sie
Weidenkörbe auch Sprituosen

ich erinnere mich nicht mehr an was
genau dieser bescheidener Mann
und ehrlicher Handwerker mir erzählte

który zobaczył w kuchni
na jakimś naczyniu
odblask absolutu

patrzcie potomni w jakiej to
skromnej postaci objawił się
Bóg szewcowi ze Zgorzelca

(ale to był dobry szewc)

er der in der Küche den Abglanz
des Absolutes an irgendeinem
Gefäß sah

schau mal Nachkommen in welcher
einfachen Form sich Herr
Gott dem Schuster aus Zgorzelec zeigte

(aber er war ein guter Schuster)

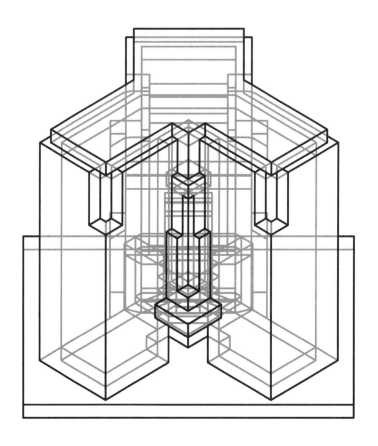

Tego się Kafce nie robi

Pomnik Kafki stanął w Pradze

oczywiście sam nie stanął
postawiono go nie pytając
czy ma chęć stać w tym miejscu
i w takiej postaci

twórca pomnika tak szczelnie
owinął gadaniną swoje dzieło
tak wywijał językiem
że pomnik
oniemiał

jak widać
pomnik składa się
z pustej marynarki
i workowatych spodni
ten mosiężny worek
jest wypełniony duchem
złego Ojca

siedzi mu na karku dorosły
Franz – elegancko
ubrany – w kapeluszu
w spodniach spiżowych
uprasowanych w „kant"

synek siedzi na karku
swojego olbrzymiego Ojca
złego Ojca

Das tut man Kafka nicht an

In Prag steht jetzt ein Kafka-Denkmal

natürlich kam es nicht von selbst dorthin
man stellte es auf ohne zu fragen
ob es an diesem Ort stehen will
und in dieser Gestalt

der Schöpfer des Denkmals verhüllte
plappernd sein Werk so dicht
mit einem Vorhang aus Worten
daß das Denkmal
verstummte

wie man sieht
besteht das Denkmal
aus einer leeren Jacke
und einer sackförmigen Hose
dieser Messingsack
ist erfüllt vom Geist
des bösen Vaters

in seinem Nacken sitzt der erwachsene
Franz – elegant
gekleidet – mit Hut
in kupfernen
„auf Falte" gebügelten Hosen

der Sohn sitzt im Nacken
des riesigen Vaters
schlechten Vaters

rzeźbiarz
za pomocą języka
nawet obrotnego
i cyrkowych numerów
nie zmienił
kiepskiego monumentu
w dzieło sztuki

na żydowskim cmentarzu w Pradze
widziałem
pomnik kamień
leży tam
z Ojcem i Matką sławny
Syn o którym wiedzieli
tak mało...

Od mojej czeskiej
tłumaczki Vlasty która
poznała Verę córkę Ottli
wiem
że kupiec bławatny Hermann K.
syn rzeźnika był dobrym
troskliwym ojcem rodziny
dobrym mężem
że kochał swojego syna
śmiał się z Maksa Broda
i czytał prozę Raabego

Franz Kafka zasłużył sobie na to
żeby nie stawiać mu pomników
nie produkować koszulek
podkoszulków filiżanek
chusteczek do nosa majtek
talerzy z podobizną z jego twarzą
na dnie zasłużył sobie na to aby
nie otwierać kawiarenek „z Kafką"

der Bildhauer
konnte mit Hilfe der Sprache
selbst einer cleveren
und mit Zirkuskunststückchen
das armselige Monument
nicht in ein Kunstwerk
verwandeln

auf dem jüdischen Friedhof in Prag
sah ich
einen Gedenkstein
dort liegt
neben Vater und Mutter der berühmte
Sohn von dem sie
so wenig wußten...

Von meiner tschechischen
Übersetzerin Vlasta die
Ottlas Tochter Vera kannte
weiß ich
daß der Seidenwarenhändler Hermann K.
Sohn eines Metzgers ein guter
fürsorglicher Familienvater
und guter Ehemann war
daß er seinen Sohn liebte
über Max Brod lachte
und die Prosa Raabes las

Franz Kafka hätte verdient
daß man ihm keine Denkmäler errichtet
keine T-shirts herstellt
keine Unterhemden Tassen
Taschentücher Unterhosen
Teller mit dem Konterfei seines Gesichts
zutiefst hätte er es verdient daß
man keine Cafés „mit Kafka" eröffnet

nie otwierać sklepików
z galanterią

pomnik stanął
w Pradze
postawili go nie pytając

„a kogo mieliśmy pytać?"

Ducha! Panowie i panie,
ducha Kafki trzeba pytać
(i nastawić ucha!)
Duch Kafki mówi: proszę
mnie nie ustawiać nie przedstawiać
a jak już stoję proszę
nie odsłaniać!

chcę być zasłonięty

nie wyciągajcie na światło
moich kobiet moich łez
moich rodziców moich sióstr
spalonych rękopisów
moich ran
nie komentujcie mojego
życia śmierci procesu
nie urządzajcie cyrku
nie wyciągajcie ze mnie
wszystkich tajemnic
nie wciągajcie mnie
do kawiarenki
nie zaglądajcie mi w zęby
nie jestem waszym koniem
(zwierzęciem pociągowym
różnych fundacji)
nie wmawiajcie we mnie

keine Modeschmuck-Lädchen
eröffnet

das Denkmal steht nun
in Prag
man stellte es auf ohne zu fragen

„und wen hätten wir fragen sollen?"

Den Geist! Meine Herren und Damen,
den Geist Kafkas muss man fragen
(und dann die Ohren spitzen!)
Der Geist Kafkas sagt: bitte
stellt mich nicht auf stellt mich nicht aus
und wenn ich schon dastehe bitte
enthüllt mich nicht!

ich möchte verhüllt bleiben

zerrt mich nicht ans Licht
meine Frauen meine Tränen
meine Eltern meine Schwestern
die verbrannten Manuskripte
meine Wunden
unterlaßt Kommentare zu meinem
Leben Tod Prozess
macht keinen Zirkus
entreißt mir nicht
alle Geheimnisse
zerrt mich
nicht in Cafés
schaut mir nicht ins Maul
ich bin nicht euer Gaul (das Zugtier
verschiedener Stiftungen)
redet mir nicht ein

że kochałem kiepskich
aktorów że byłem
płochliwym narzeczonym
nie róbcie ze mnie
wzorowego urzędnika
impotenta sportowca
syjonisty jarosza
i wielbiciela prozy
Maksa Broda

amen

daß ich schlechte
Schauspieler liebte daß ich ein
ängstlicher Verlobter war
macht aus mir keinen
Musterbeamten
Impotenten Sportler
Zionisten Vegetarier
und Verehrer der Prosa
Max Brods

Amen

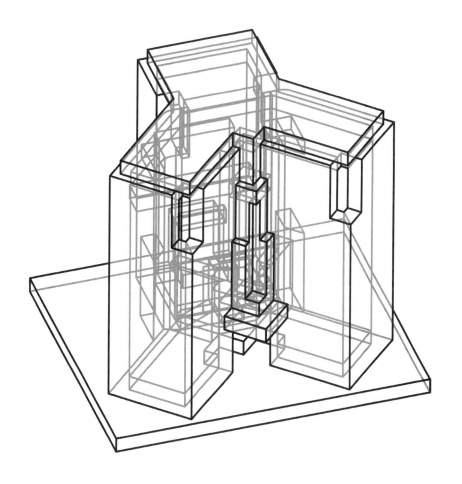

katar w Chinach

byłem w Chinach jesienią 1958 roku
miliard Chińczyków (a może pół miliarda?)
szykowało się do „wielkiego skoku"

na korytarzu hotelu w Szanghaju
spotkałem człowieka
który miał owinięte szalikiem gardło
trzymał chusteczkę na ustach
oczami dawał znaki że nie może mówić
jego towarzysz podróży
tłumaczył nam że malarz Nacht (Samborski)
ma katar że przeprasza że go boli gardło
obawia się przeziębienia
boi się rozmów bakterii
wystrzega się przeciągów przeprasza
ma kaszel ma 36 i 8 kresek gorączki
unika wszelkich kontaktów boi się ameby
nie otwiera ust... żywi się sucharkami i herbatą
zamierza przerwać podróż nie leci
do Kantonu wraca do domu
wybierze się do Lasek
boi się mówić
wielki malarz
utalentowany gawędziarz
ulotnił się szybko
bez podania ręki

Witold Z. stał z rozchylonymi
ustami z szeroko otwartymi
niebieskimi (wtedy) oczami
patrzał na mnie

Schnupfen in China

ich war in China im Herbst 1958
eine Milliarde Chinesen (oder vielleicht eine halbe Milliarde?)
schickte sich an zum „Großen Sprung"

auf dem Flur eines Hotels in Shanghai
traf ich einen Menschen
der um den Hals einen Schal trug
und sich ein Tuch vor den Mund hielt
seine Augen signalisierten er könne nicht sprechen
sein Reisebegleiter
erklärte uns daß der Maler Nacht (Samborski)
Schnupfen hat sich entschuldigt Halsschmerzen hat
eine Erkältung befürchtet
Angst vor Gesprächen Bakterien hat
Durchzug meidet sich entschuldigt
Husten hat 36,8 Fieber hat
alle Kontakte vermeidet sich vor Amöben fürchtet
den Mund nicht öffnet... er lebt von Zwieback und Tee
will die Reise abbrechen fliegt nicht
nach Kanton sondern nach Hause
kehrt nach Laski zurück
hat Angst zu sprechen
der große Maler
talentierte Geschichtenerzähler
verdrückte sich eilig
ohne Händedruck

Witold Z. stand mit offenem
Mund mit weit aufgerissenen
blauen (damals) Augen da
er schaute mich an

na jego
twarzy
malowało się nieme pytanie
pół miliarda Chińczyków robi
„wielki skok"
a jeden człowieczek z Warszawy
ma katar więc
nie zwraca uwagi
na to drobne wydarzenie
bo katar bo nos bo kichnął
na zdrowie
jak to rozwiązać

uśmiechnąłem się do pleców malarza

i od tego czasu polubiłem
Witka Z.
za jego zdolność
do dziwienia się

za otwartość

i choć w wagonie restauracyjnym
z Pekinu do Szanghaju
był głodny...
i bardzo się zirytował,
że dostałem obiad wcześniej
to lubimy się i cenimy
do dnia dzisiejszego

wzdłuż torów widać było
wypróżniających się ludzi
zwróconych uśmiechniętą twarzą do pociągu

w porannych mgłach znikała
figurka gimnastykującego się
człowieka

auf seinem
Gesicht
malte sich eine stumme Frage
eine halbe Milliarde Chinesen macht
den „Großen Sprung"
und ein Menschlein aus Warschau
hat Schnupfen also
interessiert er sich nicht
für dieses kleine Ereignis
weil Schnupfen weil Nase weil Niesen
Gesundheit
wie soll man das begreifen

ich lächelte den Rücken des Malers an

und seit dieser Zeit mag ich
Witek Z.
für seine Begabung
staunen zu können

für seine Offenheit

und obwohl er im Speisewagen
von Peking nach Shanghai
hungrig war...
und ihn sehr irritierte
daß mein Essen früher kam
mögen und schätzen wir uns
bis zum heutigen Tag

entlang der Gleise sah man
sich entleerende Menschen
mit lächelndem Gesicht dem Zug zugewandt

im Morgennebel verschwand
die Figur eines Gymnastik treibenden
Menschen

co kilka lat
wspominamy nie tylko kulawy
„wielki skok" i mur chiński
czarną chryzantemę i malarza
ale też
mocno wystraszonego
polskiego dziennikarza
odważnego i mądrego
polskiego studenta
operę i cyrk

a także chmarę dzieci dokoła nas
które się śmiały i wykrzykiwały

na pytanie
co dzieci wykrzykują
nasz tłumacz i opiekun
odpowiedział że dzieci
krzyczą „niech żyje przyjaźń chińsko-polska"
ale po kilku dniach szeptem
wyjaśnił że dzieci krzyczały
„długie nosy długie nosy"
wtedy obejrzeliśmy uważniej nasze nosy
ani długie ani krótkie
nosy bywają zabawne
a dwa guziki (z tyłu)? jak to pisał Norwid?
Dodam tu, że Chińczykom, skoro nas obaczą,
Najdziwniejszą się rzeczą wydają g u z i k i
D w a – z   t y ł u – te, pytają Chińczyki: „Co   z n a c z ą …
K' czemu są…"

alle paar Jahre
erinnern wir uns nicht nur des hinkenden
„Großen Sprungs" und der chinesischen Mauer
der schwarzen Chrysantheme und des Malers
sondern auch
an einen sehr verschreckten
polnischen Journalisten
einen klugen und mutigen
polnischen Studenten
Oper und Zirkus

und auch an den Schwarm Kinder um uns
die lachten und Schreie ausstießen

auf die Frage
was die Kinder schrieen
antwortete unser Übersetzer und Betreuer
die Kinder riefen
„es lebe die chinesisch-polnische Freundschaft"
doch einige Tage später erklärte er
flüsternd die Kinder hätten
„lange Nasen lange Nasen" geschrieen
darauf betrachteten wir aufmerksam unsere Nasen
die weder lang noch kurz waren
Nasen können lustig sein
und zwei Knöpfe (am Rücken)? wie schrieb noch Norwid?
Ich füge hier an, dass den Chinesen, wenn sie uns sehen,
Am seltsamsten die zwei K n ö p f e – a m R ü c k e n – erscheinen
Die, fragen die Chinesen: „W i e s o l l e n w i r s i e v e r s t e h e n …
Wozu sind sie da…"

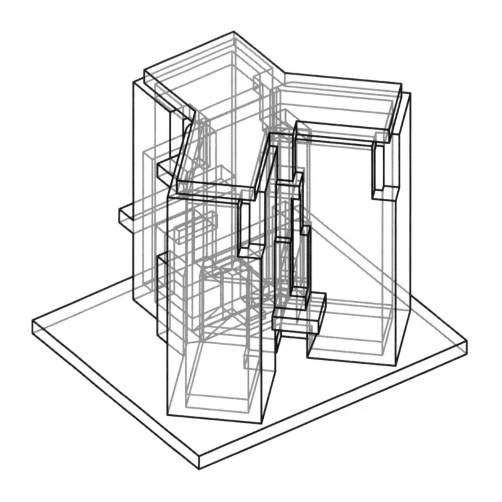

ostatnia rozmowa

zamiast odpowiedzieć
na moje pytanie
położyłeś palec na ustach

powiedział Jerzy

czy to jest znak
że nie chcesz
że nie możesz odpowiedzieć

to jest moja odpowiedź
na twoje pytanie
„jaki sens ma życie
jeśli muszę umrzeć?"

kładąc palec na ustach
odpowiedziałem Ci w myślach
„życie ma sens tylko dlatego
że musimy umierać"

życie wieczne
życie bez końca
jest byciem bez sensu
światłem bez cienia
echem bez głosu

letztes Gespräch

statt einer Antwort
auf meine Frage
legtest du den Finger an den Mund

sagte Jerzy

ist das ein Zeichen
daß du nicht antworten willst
nicht antworten kannst

das ist meine Antwort
auf deine Frage
„welchen Sinn hat das Leben
wenn ich sterben muss?"

als ich den Finger an den Mund legte
habe ich Dir in Gedanken geantwortet
„das Leben hat Sinn allein deshalb
weil wir sterben müssen"

ewiges Leben
Leben ohne Ende
ist Sein ohne Sinn
Licht ohne Schatten
Echo ohne Stimme

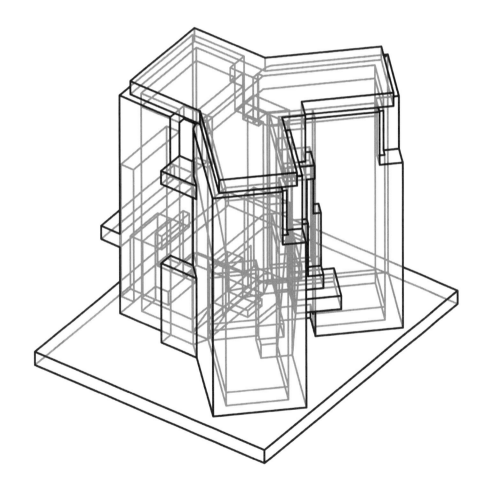

Opowiadanie o starych kobietach

Lubię stare kobiety
brzydkie kobiety
złe kobiety

są solą ziemi

nie brzydzą się
ludzkimi odpadkami

znają odwrotną stronę
medalu
miłości
wiary

przychodzą i odchodzą
dyktatorzy błaznują
mają ręce splamione
krwią ludzkich istot

stare kobiety wstają o świcie
kupują mięso owoce chleb
sprzątają gotują
stoją na ulicy z założonymi
rękami milczą

stare kobiety
są nieśmiertelne

Hamlet miota się w sieci
Faust gra rolę nikczemną i śmieszną
Raskolnikow uderza siekierą

Erzählung von alten frauen

Ich liebe die alten frauen
die häßlichen frauen
die bösen frauen

sie sind das salz dieser erde

sie verabscheuen
den menschlichen abfall nicht

sie kennen die kehrseite
der medaille
der liebe
des glaubens

sie kommen und gehn
die diktatoren verhalten sich närrisch
haben schmutzige hände
vom blut menschlicher wesen

die alten frauen stehn morgens auf
kaufen fleisch obst brot
putzen kochen
stehn auf der straße mit verschränkten
händen schweigen

die alten frauen
sind unsterblich

Hamlet tobt im netz
Faust spielt eine schmähliche und lächerliche rolle
Raskolnikow schlägt zu mit dem beil

stare kobiety są
niezniszczalne
uśmiechają się pobłażliwie

umiera bóg
stare kobiety wstają jak co dzień
o świcie kupują chleb wino rybę
umiera cywilizacja
stare kobiety wstają o świcie
otwierają okna
usuwają nieczystości
umiera człowiek
stare kobiety
myją zwłoki
grzebią umarłych
sadzą kwiaty
na grobach

lubię stare kobiety
brzydkie kobiety
złe kobiety

wierzą w życie wieczne
są solą ziemi
korą drzewa
są pokornymi oczami zwierząt

tchórzostwo i bohaterstwo
wielkość i małość
widzą w wymiarach właściwych
zbliżonych do wymagań
dnia powszedniego
ich synowie odkrywają Amerykę
giną pod Termopilami
umierają na krzyżach
zdobywają kosmos

die alten frauen sind
unzerstörbar
sie lächeln nachsichtig

gott stirbt
die alten frauen stehn auf wie alle tage
kaufen im morgengrauen brot wein fisch
die zivilisation stirbt
die alten frauen stehn morgens auf
öffnen die fenster
entfernen unrat
ein mensch stirbt
die alten frauen
waschen den leichnam
bergen die toten
pflanzen blumen
auf gräbern

ich liebe die alten frauen
die häßlichen frauen
die bösen frauen

sie glauben ans ewige leben
sind salz der erde
rinde des baumes
demutsvolle augen der tiere

die feigheit das heldentum
größe und kleinmut
sehen sie in der richtigen proportion
nah den erfordernissen
des alltags
ihre söhne entdecken Amerika
fallen bei Thermopylen
sterben am kreuz
erobern den kosmos

stare kobiety wychodzą o świcie
do miasta kupują mleko chleb
mięso przyprawiają zupę
otwierają okna

tylko głupcy śmieją się
ze starych kobiet
brzydkich kobiet
złych kobiet

bo to są piękne kobiety
dobre kobiety
stare kobiety
są jajem
są tajemnicą bez tajemnicy
są kulą która się toczy

stare kobiety
są mumiami
świętych kotów

są małymi
pomarszczonymi
wysychającymi
źródłami owocami
albo tłustymi
owalnymi buddami

kiedy umierają
z oka wypływa
łza
i łączy się
na ustach z uśmiechem
młodej dziewczyny

1963

die alten frauen gehn am morgen
in die stadt kaufen milch brot
fleisch kochen die suppe
öffnen die fenster

nur narren lachen
über die alten frauen
die häßlichen frauen
die bösen frauen

denn es sind schöne frauen
gute frauen
die alten frauen
sind das ei
geheimnis ohne geheimnis
rollende kugel

die alten frauen
sind mumien
heiliger katzen

sind kleine
runzlige
vertrocknende
quellen früchte
oder fette
ovalene buddhas

wenn sie sterben
fließt aus dem auge
eine träne
und vereint sich
auf dem mund mit dem lächeln
des jungen mädchens

1963

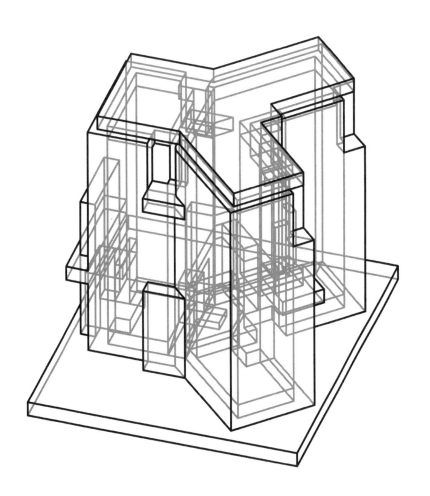

* * *

urodziłem się nosorożcem
z grubą skórą i rogiem na nosie

chciałem zostać motylem
ale powiedziano mi że
muszę być nosorożcem

potem chciałem być
skowronkiem bocianem
ale powiedziano mi że to niemożliwe

pytałem dlaczego – odpowiedziano
bo jesteś nosorożcem

chciałem być małpą
a nawet papugą!

ale mi powiedziano... NIE

śniło mi się że mam
bardzo delikatną różową skórę
i nosek jak Kleopatra

ale mi przypomniano że
mam bardzo bardzo grubą skórę
i że mój róg to dowód tożsamości

byłeś jesteś i będziesz nosorożcem
do śmierci

* * *

ich bin als Nashorn geboren
mit dicker Haut und dem Horn an der Nase

ich wollte Schmetterling werden
aber mir wurde gesagt daß
ich Nashorn sein muß

danach wollte ich Lerche oder
Storch sein aber mir wurde gesagt
daß das nicht möglich ist

ich fragte warum – weil du
Nashorn bist – lautete die Antwort

ich wollte Affe und
sogar Papagei sein!

aber mir wurde gesagt... NEIN

ich habe geträumt daß
meine Haut zart und rosig ist
und meine Nase wie die Kleopatras

aber mir wurde schon wieder gesagt daß
ich eine sehr sehr dicke Haut habe
und daß mein Horn meine Identität beweist

du warst bist und wirst Nashorn sein
bis zum Tode

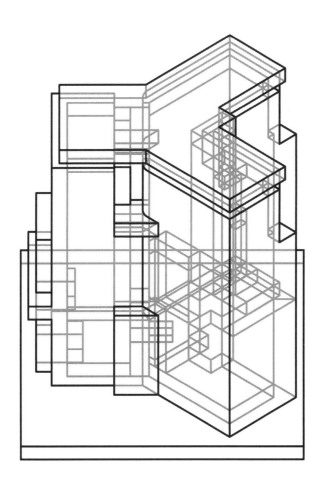

14 lipca 2004 – w nocy

malowałem z natury
pączek
herbacianej róży
otulony
zielonymi listkami

miałem
zielony długopis
i niebieską kredkę
kwiat ma kolor niebieski
a listki są zielone

1 lipca 2004 zobaczyłem
w gazecie niebieskie róże
(i notatkę z fotografią)

„sukces japońskich naukowców
to owoc 14 lat pracy i wydatków
rzędu 28 mln dolarów"

zielone listki otaczają
i kwiaty i uśmiechniętą
twarz młodej kobiety
gen pochodzący od bratków
zabarwił płatki róży

czy szanowni uczeni japońscy
zrobili za 28 milionów „zielonych"
rzecz piękną i pożyteczną?
ja moją różę stworzyłem z braku
oni z nadmiaru i chęci zysku

14. Juli 2004 – nachts

ich malte nach der Natur
eine
Teerosenknospe
umhüllt
von grünen Blättchen

ich hatte
einen grünen Kugelschreiber
und einen blauen Stift
die Blume ist blau
und die Blättchen grün

am 1. Juli 2004 sah ich
in der Zeitung blaue Rosen
(und eine Notiz samt Foto)

„der Erfolg der japanischen Wissenschaftler
ist eine Frucht der 14 Jahre Arbeit und Ausgaben
in der Größenordnung von 28 Millionen Dollar"

die grünen Blättchen umgeben
sowohl die Blumen als auch das lachende
Gesicht einer jungen Frau
das vom Stiefmütterchen stammende Gen
gab seine Farbe der Rose

ob die verehrten japanischen Wissenschaftler
für die 28 Millionen „Greenbacks"
was schönes und nützliches geschaffen haben?
meine Rose enstand aus Mangel
ihre aus Überfluß und Gewinngier

Takich rzeczy nie powinno się robić
róży w kraju kwitnącej wiśni...

oddajcie bratkowi co jest bratka
a róży (to) co jest róży
prosi Was o to poeta
Tadeusz Różewicz z Polski

Chodząc po japońskim ogrodzie
w mieście Wrocławiu
śni że jest w Kioto
śni tak przez pół wieku

jako młody człowiek
chciał złożyć czerwoną różę
na białym łonie
japońskiej kobiety
o wschodzie słońca

So etwas sollte man der Rose
im Land der blühenden Kirsche nicht antun...

gib dem Stiefmütterchen was ihm gehört
und der Rose was der Rose gehört zurück
um das bittet Euch der Dichter
Tadeusz Różewicz aus Polen

Wenn er durch den Japanischen Garten
in Breslau spaziert
träumt er daß er in Kyoto ist
er träumt so schon ein halbes Jahrhundert

als junger Mann
wollte er eine rote Rose
auf den weißen Schoß
einer japanischen Frau
bei Sonnenaufgang legen

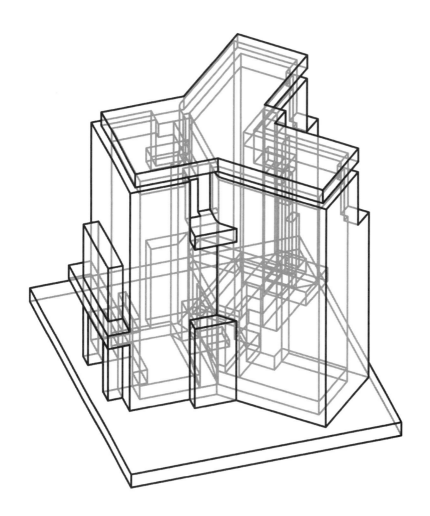

na wyspiańską nutę

w snach widzę tłum
co do mnie idzie

w snach
widzę coraz więcej ludzi
mówią krzyczą

a w życiu nic
mnie już nie budzi

w snach mówią do mnie
zmarli żywi
słowo po słowie
się rozpada

do pustych oczu
wchodzą kwiaty
do oczodołów
wchodzi ziemia

zdmuchuję gwiazdy powiekami
słucham jak serce
dzwonu pęka

słyszę jak Wawel się kołysze
usypia naród

in Wyspiańskischem Ton

in Träumen sehe ich eine Menge
die auf mich zukommt

in Träumen
sehe ich immer mehr Menschen
sie reden sie schreien

doch im Leben weckt
mich nichts mehr auf

in Träumen sprechen zu mir
Tote Lebende
Wort für Wort
zerfällt

aus leeren Augen
sprießen Blumen
aus Augenhöhlen
quillt Erde

ich lösche die Sterne mit meinen Lidern
ich höre das Herz
der Glocke bersten

ich höre den Wawel sich wiegen
er lullt das Volk ein

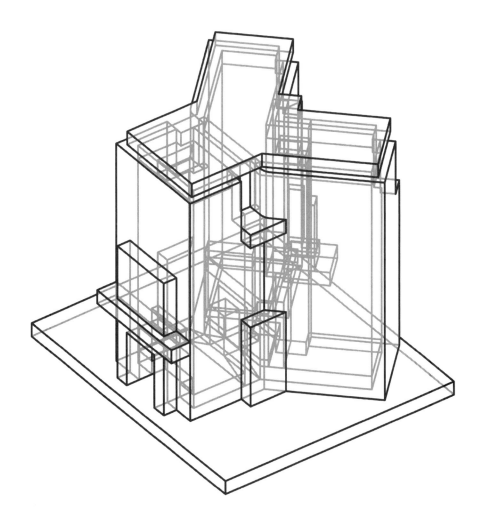

kamień filozoficzny

trzeba uśpić
ten wiersz

zanim zacznie
filozofować
zanim zacznie

rozglądać się dokoła
za komplementami

powołany do życia
w chwili zapomnienia

uczulony na słówka
spojrzenia
szuka ratunku
u kamienia
filozoficznego
przechodniu przyśpiesz kroku
nie podnoś tego kamienia

tam się wierszyk biały
nagi
przemienia
w popioły

2002-2003

der Stein der Weisen

dieses Gedicht muß
man einschläfern

bevor es anfängt
zu philosophieren
bevor es anfängt

sich nach Komplimenten
umzusehen

ins Leben gerufen
in einem Moment des Vergessens

empfindlich für Floskeln
Blicke
sucht es Rettung
beim Stein
der Weisen
beschleunige deinen Schritt Passant
nimm diesen Stein vom Boden nicht auf

dort wird das weiße
Gedichtchen
nackt
zu Asche

2002-2003

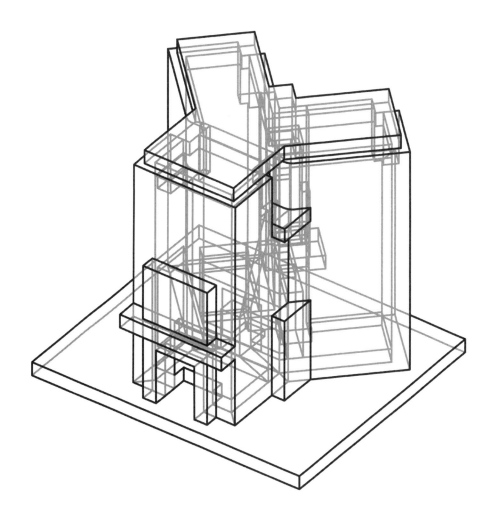

słowa

słowa zostały zużyte
przeżute jak guma do żucia
przez młode piękne usta
zamienione w białą
bańkę balonik

osłabione przez polityków
służą do wybielania
zębów
do płukania jamy
ustnej

za mojego dzieciństwa
można było słowo
przyłożyć do rany
można było podarować
osobie kochanej

teraz osłabione
owinięte w gazetę
jeszcze trują cuchną
jeszcze ranią

ukryte w głowach
ukryte w sercach
ukryte pod sukniami
młodych kobiet
ukryte w świętych księgach
wybuchają
zabijają

2004

die Worte

die Worte wurden abgenutzt
gekaut wie Kaugummi
von jungen schönen Lippen
in eine weiße Blase
wie ein Ballon verwandelt

von Politikern abgeschwächt
dienen sie als Weißmacher
für die Zahne
und als Mundspülung

als ich Kind war
war das Wort
kreuzbrav
man konnte es
der geliebten Person schenken

jetzt abgeschwächt
in eine Zeitung eingewickelt
vergiften stinken verwunden
die Worte immer noch

versteckt in Köpfen
versteckt in Herzen
versteckt unter den Röcken
junger Frauen
versteckt in heiligen Büchern
explodieren sie
töten sie

2004

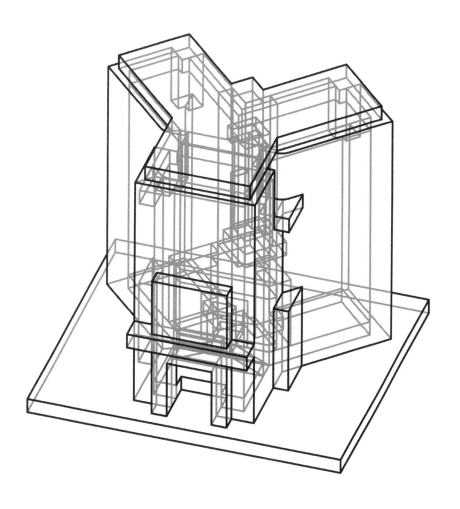

Noty o tłumaczach

K A R L   D E D E C I U S   •   1 9 2 1
Niemiecki tłumacz i popularyzator literatury polskiej. Założyciel i wieloletni dyrektor Niemieckiego Instytutu Kultury Polskiej w Darmstadt. Edytor 50-tomowej serii „Polnische Bibliothek" (Biblioteka Polska) obejmującej literaturę polską od średniowiecza po współczesność. Zamieszczony tu przekład był kilkakrotnie publikowany.

B E R N H A R D   H A R T M A N N   •   1 9 7 2
Studiował polonistykę i literaturoznawstwo w Moguncji, Wrocławiu i Poczdamie. Pracownik naukowy Instytutu Slawistyki na Uniwersytecie Wiedeńskim. Autor m.in. zbioru szkiców *Czarne myśli? O twórczości Tadeusza Różewicza* (2007). Zamieszczone przekłady po raz pierwszy opublikowane zostały w „Sinn und Form" (nr 2/2007).

A N D R Z E J   S Ł O M I A N O W S K I   •   1 9 4 3
Poeta, prozaik, tłumacz, współzałożyciel pisma „Literatura na Świecie". Ukończył łódzką „Filmówkę". Od 34 lat przebywa za granicą, a od 24 w Niemczech (obecnie w Görlitz). Ostatnio wydał tom wierszy *Zniewolone słowo – albo trzy krucjaty* (2006). Zamieszczone przekłady są pierwodrukami, ich konsultantem językowym był Thomas Maruck.

Biographische Notizen zu den Übersetzern

KARL DEDECIUS • 1921

Deutscher Übersetzer und Vermittler polnischer Literatur. Gründer und jahrelanger Direktor des Deutschen Polen-Instituts in Darmstadt. Herausgeber der fünfzigbändigen Polnischen Bibliothek, welche die Literaturwerke vom Mittelalter bis zur Gegenwart umfaßt. Die hier aufgenommene Übersetzung wurde mehrfach publiziert.

BERNHARD HARTMANN • 1972

Zur Zeit wisenschaftlicher Mitarbeiter Institut für Slawistik der Universität Wien, studierte Polonistik und Literaturwissenschaft in Mainz, Breslau und Potsdam. Er veröffentlichte u.a. die Essaysammlung *Schwarze Gedanken? Zum Werk von Tadeusz Różewicz* (2007). Die hier aufgenommenen Übersetzungen wurden zuerst in „Sinn und Form" Nr. 2/2007 publiziert.

ANDRZEJ SŁOMIANOWSKI • 1943

Lyriker, Prosaist, Übersetzer, gründete die Zeitschrift „Literatura Na Świecie" mit. Er absolvierte die berühmte Lodzer Filmhochschule. Seit 1973 lebt er im Ausland, darunter schon 24 Jahre lang in Deutschland (z. Z. in Görlitz). Letztens veröffentlichte er den *Gedichtband Das gefesselte Wort – oder drei Kreuzzüge* (2006). Die hier aufgenommenen Übersetzungen, bei denen Thomas Maruck sprachlich konsultiert wurde, sind Erstdrucke.

Spis wierszy / Verzeichnis der Gedichte

[I znów zaczyna się] 6
[Und wieder beginnt] *(Bernhard Hartmann)* 7

serce podchodzi do gardła 12
das Herz Schlägt im Hals *(Bernhard Hartmann)* 13

szara strefa 18
grauzone *(Bernhard Hartmann)* 19

Regression in die Ursuppe 26
Regression in die Ursuppe *(Bernhard Hartmann)* 27

tempus fugit (opowieść) 34
tempus fugit (die Geschichte) *(Andrzej Słomianowski)* 35

Der Zauberer Czarodziej 56
Der Zauberer Czarodziej *(Andrzej Słomianowski)* 57

nauka chodzenia 64
gehen lernen *(Andrzej Słomianowski)* 65

wieczny powrót... 76
die ewige Wiederkunft... *(Andrzej Słomianowski)* 77

[Mistrz Jakob Böhme] 84
[Meister Jakob Böhme] *(Andrzej Słomianowski)* 85

Tego się Kafce nie robi 90
Das tut man Kafka nicht an *(Bernhard Hartmann)* 91

katar w Chinach 100
Schnupfen in China *(Bernhard Hartmann)* 101

ostatnia rozmowa 108
letztes Gespräch *(Bernhard Hartmann)* 109

Opowiadanie o starych kobietach 112
Erzählung von alten frauen *(Karl Dedecius)* 113

[urodziłem się nosorożcem] 120
[*ich bin als Nashorn geboren*] *(Andrzej Słomianowski)* 121

14 lipca 2004 – w nocy 124
14. Juli 2004 – nachts *(Andrzej Słomianowski)* 125

na wyspiańską nutę. 130
in Wyspiańskischem Ton *(Bernhard Hartmann)* 131

kamień filozoficzny 134
der Stein der Weisen *(Andrzej Słomianowski)* 135

słowa 138
die Worte *(Andrzej Słomianowski)* 139

Noty o tłumaczach 142
Biographische Notizen zu den Übersetzern 143

Specjalne podziękowania
za wsparcie książki dla Telefonii Dialog

Besonderer Dank gilt der Telefonia Dialog
für die Förderung dieses Buches

WROCŁAW

Wydrukowano na Munken Pure 100g/m²

Munken
BY ARCTIC PAPER

Miejska Biblioteka Publiczna
we Wrocławiu